주식고수들이 더 좋아하는 대체투자

주식고수들이 더 좋아하는 대체투자

1쇄 2020년 5월 20일

지은이 조영민

펴낸곳 (주)한국투자교육연구소 부크온
펴낸이 김재영
편집 위아람
교열 이승호
디자인 권효정
주소 서울시 영등포구 문래동 6가 19 SK V1센터 1001호
전화 02-723-9004   **팩스** 02-723-9084
홈페이지 www.bookon.co.kr
블로그 blog.naver.com/bookonblog
이메일 book@itooza.com
출판신고 제322-2008-000076호(2007년 10월 17일 신고)

ISBN 978-89-94491-89-9 13320

◆ 부크온은 (주)한국투자교육연구소의 출판 브랜드입니다.
◆ 파손된 책은 구입하신 곳에서 교환해 드리며, 책값은 뒤표지에 있습니다.
◆ 무단전재나 무단복제를 금합니다.

이 도서의 국립중앙도서관 출판예정도서목록(CIP)은 서지정보유통지원시스템 홈페이지(http://seoji.nl.go.kr)와 국가자료종합목록 구축시스템(http://kolis-net.nl.go.kr)에서 이용하실 수 있습니다.
(CIP제어번호 : CIP2020016023)

주식고수들이
더 좋아하는
대체투자

조영민 지음

iTOOZA 부크온 BOOK On

차 례

들어가는 글 | 8

주목! 개인투자자들을 위한 대체투자 상품 | 11

1장 투자의 영토가 달라지고 있다 | 15

1. 기업 생애주기와 그에 맞춘 다양한 투자 방식
2. '기업 생애주기 맞춤형 대체투자'가 중요한 이유

　　투자 나침반을 제대로 읽어라! (1) 국내 '창업 기획'의 성공 사례 : 프라이머

**2장 '고위험 고수익의 세계'
비상장사 메자닌 투자** | 31

1. '돌려받고, 바꿀 수도 있는' 상환권과 전환권을 다 가진 우선주
2. '바꿀 수만 있는' 상환권 없이 전환권만 가진 우선주
3. '투자자가 선호하는 채권 3가지' 비상장사 주식연계형 채권

　　투자 나침반을 제대로 읽어라! (2) 비상장회사 투자를 위한 벤처투자조합 | (3) 상환전환우선주 때문에 발생하는 파생상품부채 평가손실 | (4) 국내 창투사와 미국 창투사, 투자방식의 차이 | (5) '창투사 상장' 이것부터 따져봐야 한다 | (6) '우량한 비상장사에 투자하라' 기업성장투자기구 제도

3장   '채권과 주식이 혼합된 하이브리드형 투자' | 55
상장사 메자닌 투자

1. '상환권과 전환권을 다 가진 채권상품' 상장사 전환사채
2. '워런트가 관건' 상장사 신주인수권부사채
3. '타사 주식까지 교환 가능' 상장사 교환사채
4. '투자자와 발행사 간 팽팽한 줄다리기' 상장사 우선주

투자 나침반을 제대로 읽어라! (7) 소송전까지 불사하는 '가격조정 조항' 관련 분쟁 | (8) 주의! 한국에 상장한 중국기업의 전환사채 | (9) 대주주 지분 늘리는 수단으로 활용되는 '콜옵션' | (10) 주가지수 상승 도리어 가로막는 '코스닥 벤처펀드' | (11) '바이오 기업의 메자닌 발행' 돌아보기

4장   '이제 기관투자자들만의 전유물이 아니다' | 87
사모펀드 출자

1. '자본시장의 핵심 성장동력' 사모펀드
2. 사모펀드 구분해서 보는 법
3. 사모펀드 구성의 ABC
4. 사모펀드의 재산운용 및 투자전략 트렌드
5. 상품별 투자전략 핵심 포인트
6. '펀드 수익률 높이는 수단' 인수금융
7. 사모펀드의 투자금 회수 전략

투자 나침반을 제대로 읽어라! (12) '경고등이 켜졌다' 라임자산운용의 환매 연기 사태 | (13) '파격적이어서 더 반가운' 한국성장금융의 후순위 LP 출자 | (14) 2대 주주 지분에 대한 투자 성공 사례 : 한미반도체 | (15) 바이아웃 투자 성공 사례 : 동양매직 | (16) 인수금융 실패 사례 : 실트론 | (17) 인수금융 연장 사례 : 딜라이브 | (18) 사모펀드가 최대 주주인 회사도 코스닥 상장, 국내 1호는 인크로스

5장 '저평가 공모주를 잡아라' 공모주 투자 | 139

1. 상장방식 다각화로 시장을 키운다
2. '바이오기업들이 주목하는' 기술성 평가 특례상장
3. '사업성이 평가 좌우한다' 사업모델 평가 특례상장
4. '적자기업에게도 문 연다' 이익미실현 기업의 상장
5. '상장주관사 추천' 성장성 평가 특례상장
6. 해외시장 상장제도 체크포인트
7. 공모가격 결정과정에 '답'이 있다
8. 신규상장과 주가지수의 상관관계

투자 나침반을 제대로 읽어라! (19) 기술성 평가 특례상장, 이제 바이오 기업들만의 '잔치' 아니다 | (20) 점점 까다로워지는 바이오 기업의 상장 | (21) '사업성만 좋아도 상장한다' 국내 1호 사업모델 특례상장 : 플리토 | (22) '적자여도 상장한다' 테슬라 상장 국내 1호 : 카페24 | (23) '증권사가 보증' 성장성 평가 특례상장 국내 1호 : 셀리버리 | (24) 중국인의 생활상 자체를 바꾼다, 이커머스 시장 | (25) '간편결제'가 만들어가는 새로운 세상, 중국의 핀테크산업 | (26) 진격의 중국 영화산업 '맑음' | (27) 투자자의 시선 사로잡는 '콘텐츠 투자' | (28) '적자기업도 환영' 홍콩증시 상장 | (29) 나스닥 상장으로 '수익 50배' : 텐센트뮤직 | (30) 공모가 결정과정 다시 짚어보기 : 덕산테코피아와 올릭스

6장 '수익성과 안정성을 동시에!' 세컨더리 투자 | 193

1. 세컨더리 투자에 주목하는 이유
2. 'LP 지분 유동화 펀드'의 출현

투자 나침반을 제대로 읽어라! (31) 세컨더리 투자 성공 사례 : 펄어비스 | (32) 세컨더리 바이아웃 투자 성공 사례 : 모델솔루션 | (33) 국내 LP 지분 유동화 펀드 조성 사례 : 네오플럭스

마무리 글		211
미주		214
용어 정리		218

들어가는 글

초저금리 시대에 여윳돈 굴리기는 난제 중의 난제다. 이는 전문 투자기관이나 개인이나 다 마찬가지다. 최근 각종 통계를 보면, 금리가 떨어지고 있음에도 불구하고 저축률은 오히려 상승하고 있는 것으로 나타난다. 갈 길을 잃은 여윳돈! 초저금리를 반길 투자자는 아무도 없다. 누구나 시중금리를 초과하는 수익률을 원한다.

기관이나 개인이나 가장 접근하기 쉬운 투자수단이 현재까지는 부동산이다. 부동산투자는 이제까지 기업에 대한 지분투자보다 수익률이 높았기 때문이다. 부동산에 투자금이 쏠리는 것은 말 그대로 현실이다. 하지만 인구감소 추세는 어쩔 수 없다. 부동산도 장기적으로는 하락 추세를 피하지 못할 것임이 자명하다.

국내 투자 패턴도 결국은 부동산투자에서 기업에 대한 지분투자로 넘어올 것이다. 기업 생애주기에 따른 다양한 방식의 지분투자야말로 ①국내 기업의 경쟁력 상승 ②이를 통한 고용 증가 ③배당 및 자본차익을 통한 투자자들의 소득 증가로 이어질 것이다. 이는 국가경제 전체에 경쟁력을 갖게 만드는 밑바탕이다.

이제부터가 중요하다. 기업에 대한 투자라고해서 다 같은 게 아니기 때문이다. 기업에 대한 지분투자라고 하면 흔히들 상장주식을 시장에서 매입하는 것으로 이해한다. 상장주식 투자에 대한 이론이나 기법에 관한 지침서도 시중에 많이 나와 있다. 하지만 지금은 상황이 좋지 않다. 상장주식 투자수익률은 갈수록 떨어지고 있고, 국내 주식형 펀드 자금은 썰물처럼 빠져나가고 있다. 그러니까 기존의 방식을 답습하는 것만으로는 '답'이 없다는 소리다.

이제 관건은 어떤 방식의 투자를 할 것이냐다. '대체투자*'가 급부상하는 이유 또한 바로 여기에 있다.

대체투자는 현재 자본시장의 핵심 트렌드다. 기관투자자를 중심으로 주로 이루어지고 있지만, 개인 고액자산가들은 물론 일반 개인투자자들도 은행 및 증권사 PB센터를 통해 대체투자 시장에 새롭게 진입하고 있는 상황이다. 앞으로 관련 시장이 폭발적으로 증가할 것이란 게 업계 안팎의 전망이다. 한마디로, 대체투자는 이제 자본시장에서 대세다.

이 책은 '기업 생애주기 맞춤형 대체투자'를 다룬다. ①메자닌 투자 ② 사모펀드 출자 ③공모주 투자 ④세컨더리 펀드투자를 중심으로 투자의 핵심 포인트를 정리했다. 또 실전사례를 최대한 풍부하게 소개하려고 노력했다. 그러니까 피부에 와닿는 구체적인 투자사례를 통해 투자의 방향성을 제대로 잡을 수 있도록 책을 구성했다. 이 책이 '투자 나침반' 역할을 할 수 있기를 기대한 때문이다.

---

* 대체투자(Alternative Investment) : 상장주식이나 채권 같은 전통적인 투자상품이 아닌 다른 대상에 투자하는 방식. 대상은 사모펀드, 헤지펀드, 부동산, 벤처기업, 원자재, 선박 등 다양하다. 대체 뮤추얼펀드와 상장지수펀드(ETF)는 이런 대체투자 상품을 주로 편입하거나 관련 지수를 추종하는 펀드다. (자료 : 한경 경제용어사전)

개인적인 바람이 있다면, 이 책에 업계 종사자 및 개인투자자들이 그동안 경험하지 못했던 대체투자의 다양한 사례들이 많이 소개돼 있다는 소리를 들었으면 좋겠다. 그럼 산업계와 금융기관 투자업무 등 다년간에 걸친 필자의 경험이 나름 '값'을 하는 것일 테니 말이다.

주목! 개인투자자들을 위한 대체투자 상품

사실 개인투자자들이 대체투자 영역에 진입하기 위해서는 국내 상장 주식 투자나 주식형 펀드 가입보다는 조금 더 시간을 할애해야 한다.

상장주식 투자의 경우 증권사에서 비대면 계좌를 개설하면 지점을 방문하지 않고 앱APP을 설치한 다음에 바로 시작할 수 있다. 주식형 펀드 가입도 시중은행 앱을 설치하면 다양한 펀드 상품을 고를 수 있다. 하지만 투자하는 방법이 간단하다는 게 반드시 좋은 것만은 아니다. 투자 종목을 고르거나 펀드 상품을 고를 때도 너무 쉽게 의사결정을 하는 경향이 나타나기 때문이다. 이는 전형적인 단타매매로 이어지기도 한다.

최근 전 세계적으로 신종 코로나 바이러스가 팬데믹으로까지 번진 상황 직전까지만 해도 국내 주식시장의 지수는 박스권에서 형성되는 반면 미국 나스닥과 S&P 500 지수는 연일 사상 최고가를 경신하고 있었다. 미국 테슬라 주식은 사고 싶어도 못사는 '신의 주식'이 되었다는 기사를 접할 때면 국내 개인투자자들이 좀 더 빨리 해외주식 쪽으로 투자의 영토를 넓혔으면 어땠을까하는 생각을 했다.

그러지 못했던 이유는 자명하다. 해외주식에 투자하기 위해서는 산업을 보는 시각을 글로벌시장으로 넓혀야 한다. 국내기업보다 더 많은 해외기업을 공부해야 한다. 한마디로 더 많은 시간과 정성을 쏟아야 하기 때문이다.

기업의 생애주기 맞춤형 대체투자도 마찬가지다. 우선 비상장기업까지 관심의 영역을 넓혀야 한다. 새로운 상품 즉, 메자닌(우선주, 주식연계형 채권), 사모펀드, 공모주, 세컨더리 투자 등이 가지는 상품의 특성 또한 제대로 알아야 한다. 투자수익은 쏟은 시간에 비례하기 마련이다.

앞으로 대체투자는 시간이 지날수록 국내 자본시장에서 차지하는 영역이 더 커질 것이다. 상장주식 투자보다 수익률이 월등히 높고 안정적인 수익추구가 가능하기 때문이다. 지금이라도 공부를 시작해야 한다.

그렇다면 개인투자자들이 좀 더 쉽게 대체투자를 접할 수 있는 방법은 없을까?

대체투자 영역에 진입하기 위해서는 가까운 증권사를 방문하는 것부터 시작하면 된다. 증권사 PB센터를 방문해 대체투자를 위해 조성된 전문투자형 사모펀드가 어떤 것들이 있나 눈으로 직접 확인부터 하는 게 순서다. PB센터가 고액자산가를 위한 곳이라는 선입견이 있다면, 지점 창구도 괜찮다. 지점에서도 자산운용사가 운용하는 다양한 상품을 위탁하여 판매하고 있다. 꼼꼼하게 따져본 다음 상품에 가입하는 것이 가장 빠르고 효과적인 방법이다.

개인투자자 입장에서는 사모펀드에 투자하는 최소 투자금액이란 것도 부담스러운 대목이다. 하지만 최근에는 전문투자형 사모펀드에 재간접으로 투자Fund of Fund하는 공모펀드(사모재간접 펀드라고 한다)가 속속 출시되고 있어서 이런 펀드에 가입하면 된다. 소액으로도 전문투자형 사모펀드에 간접적으로 투자하는 효과를 누릴 수 있다.

사모재간접 펀드는 사모펀드를 여러 개 담아 분산투자한다. 다양한 전략의 펀드를 담을 수 있어 상대적으로 안정적인 성과를 추구할 수 있다. 최근에는 문턱도 낮아졌다. 소수 투자자로부터 자금을 모집해 운용하는 사모펀드는 최소 투자금액이 1억원(곧 3억원으로 상향예정)이시만, 사모재간접 펀드는 2019년 10월 '최소 가입금액 500만원'이란 규제가 사라지면서 소액이더라도 자유롭게 투자할 수 있게 됐다.

이런 상품들을 운용하는 주요 운용사들도 함께 알아두면 유용하다. 다음은 국내 전문투자형 사모펀드 시장에서 두각을 나타내고 있는 운용사들 위주로 정리한 것이다.

타임폴리오자산운용 : 최근 몇 년간 전문투자형 사모펀드 시장에서 가장 두각을 나타내는 운용사 중에 한곳이라고 할 수 있다.

멀티전략Multi Strategy을 추구하는데, 이는 하나의 펀드에 상장주식 롱/숏, 채권, 대체투자 상품을 한꺼번에 담아서 운용하는 방식이다. 대체투자 전용펀드라고 할 수는 없지만 상장기업 메자닌, 프리IPO 투자 등 대체투자 상품이 들어간다.

최근에는 공모 운용사로 전환하여 타임폴리오가 직접 운용하는 다수의 전문투자형 사모펀드에 재간접으로 투자하는 펀드를 출시해 개인투자자들이 소액으로 전문투자형 사모펀드에 투자할 수 있는 길을 열었다.

대표적인 상품은 타임폴리오위드타임증권자투자신탁(사모투자재간접형)이다.

안다자산운용 : 2019년 말 기준으로 약 6,000억원 규모의 전문투자형

사모펀드를 운용하는 운용사다.

멀티전략도 추구하지만, 주요 대체투자 상품인 상장사 주식연계형 채권에 100% 투자하는 펀드가 강점이다.

최근에는 홍콩법인을 설립하여 해외 대체투자로 영역을 넓히고 있으며, 이른바 소부장(소재, 부품, 장비) 펀드도 출시했다.

디에스자산운용 : 은둔의 투자고수로 불리는 장덕수 회장이 이끄는 회사로, 1조원이 넘는 규모로 전문투자형 사모펀드를 운용하고 있다.

비상장회사에 대한 대체투자에 강점을 보유한 운용사다. 비상장회사 보통주 및 메자닌(우선주, 주식연계형 채권)에 100% 투자하는 전문투자형 사모펀드를 다수 운용하고 있다. 프리IPO 단계에 집중투자해서 고수익을 추구하며, 바이오 헬스케어 기업에도 공격적으로 투자한다.

대표적인 비상장회사 대체투자 전용 사모펀드는 디퍼런드 시리즈다.

이밖에도 가치투자를 추구하는 VIP자산운용 역시 최근에는 프로젝트형 펀드에 출자하는 전문투자형 사모펀드를 출시하면서 대체투자 시장에 진출했다. 물론 이 외의 여러 운용사에서도 대체투자 전용 사모펀드를 선보이고 있다.

또다른 대체투자 상품인 공모주에 집중 투자하는 사모펀드는 코스닥 벤처펀드를 포함해서 다수가 시장에 출시되어 있다. 구주에만 투자하는 세컨더리 전용 사모펀드도 최근 출시가 활발해지는 추세다.

1장

투자의 영토가 달라지고 있다

1. 기업 생애주기와 그에 맞춘 다양한 투자 방식

사람이 태어나서 유아기, 성장기, 성숙기, 노년기를 거치듯 기업 역시 창업기, 성장기, 성숙기, 쇠퇴기를 겪는다. 사람이나 기업이나 마찬가지다. 각 단계마다 많은 것이 바뀌고, 필요한 것도 달라진다. 특히 기업의 경

그림 1-1 | 기업 생애주기에 따른 투자 패턴의 변화

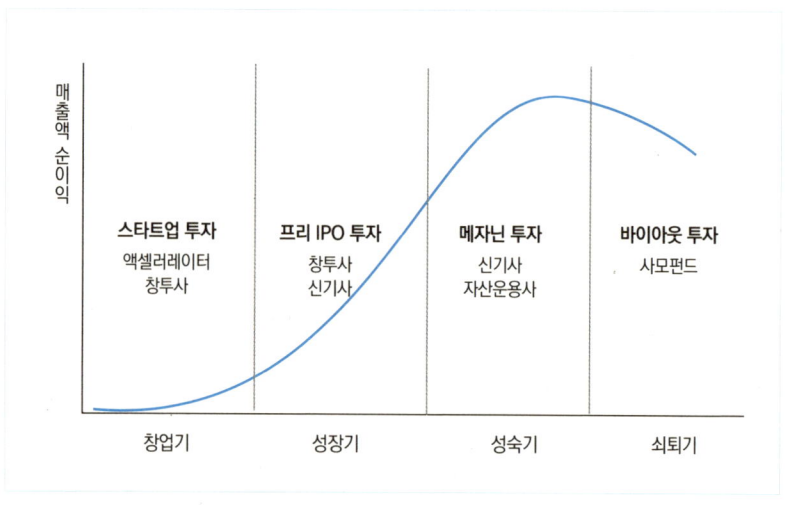

자료: 저자

우 각 단계마다 필요한 자금의 성격이 달라지고, 자금 조달창구가 바뀐다.

1) 창업기 : 스타트업 투자

통상적으로 창업자가 창업을 결심하고, 설립자본금을 출자해 사업을 시작하는 단계다. 자기 자금으로 모든 것을 해결할 수도 있지만, 재원이 충분치 않을 때는 기관투자자의 도움을 받게 된다.

이 때 창업기업Start-up에 자금을 공급해 주는 역할을 하는 기관이 있다. 바로 엔젤투자자, 액셀러레이터창업기획자, 창업투자회사, 신기술금융회사 등이다.

국내에서는 과거에 회사를 창업해서 매각까지 경험해 본 창업자가 주도적으로 엔젤투자를 하는 경우가 많고, 역할 또한 자금 공급 측면이 강조된다. 반면 해외에서는 액셀러레이터라고 해서 자금뿐만 아니라 경영에 관한 멘토링, 더 나아가 창업에 필요한 공간까지 제공해 주면서 스타트업의 성장을 돕는다. 한마디로 창업 기획자다.

스타트업 투자시장은 점차 국내에서도 자리를 잡고, 시장의 규모 역시 확대되는 추세다. 최근 국내 대형은행(IBK기업은행의 창공 등)이나 대기업(한화의 드림플러스 등)들도 액셀러레이터 조직을 만들거나 기업벤처캐피탈CVC을 결성해 투자를 확대하고 있다.

지금은 유니콘*이 된 배달의민족, 토스, 직방 등도 초기에는 액셀러레이터의 도움을 받았고, 창투사들의 자금을 공급받으며 성장했다. 이 시

---

* 유니콘(Unicorn) : 기업가치 1조원 이상의 스타트업.

기에 자금공급은 대개 보통주 혹은 메자닌 상품*의 일종인 상환전환우선주**로 하게 되며, 투자금은 통상적으로 1~10억원 사이에서 집행되는 경우가 많다.

정부에서는 중소벤처기업부에서 팁스TIPS, Tech Incubator Program for Start-up 프로그램이라고 해서 민간투자주도형 기술창업지원 프로그램을 시행하고 있다. 혁신적인 기술아이템을 보유한 창업팀을 민간 주도로 선발해 미래유망 창업기업을 집중 육성한다.

내용을 보면, 전문 액셀러레이터가 우선 창업팀에 1억원을 투자한다. 멘토링 및 창업공간도 제공된다. 추가적으로 정부로부터 R&D자금을 최대 5억원까지 받을 수 있다. 액셀러레이터가 초기 사업화 자금을 대면 정부가 연구개발에 필요한 자금을 지원하는 방식이다.

초기 창업자들에게 연구개발자금 5억원은 아주 큰 돈이다. 더군다나 정부지원금에 대해서는 지분을 내어줄 필요도 없고, 향후 기술료로 일부만 상환하면 된다. 이후에 잘 진행되면 창업자금 연계지원 1억원, 엔젤매칭펀드 2억원, 해외마케팅 1억원 등 총 4억원을 추가로 지원받을 수 있다.

국민명함 앱으로 유명한 드라마앤컴퍼니, AI 기반으로 의료영상 판독 솔루션을 개발하는 루닛과 뷰노, 인도에서 핀테크 사업을 영위하는 밸런

---

* 메자닌(Mezzanine) 상품 : 채권의 안정성과 주식의 수익성을 모두 갖춘 상품. 상환전환우선주(RCPS), 전환사채(CB), 신주인수권부사채(BW), 교환사채(EB) 등이 주요 메자닌 상품에 속한다.
** 상환전환우선주 : RCPS(Redeemable Convertible Preferred Stock). 상환권과 전환권이 부여된 우선주.

스히어로 등이 팁스 프로그램 출신 기업들이다. 또 머신비전 기반으로 제조공정에서 불량품을 찾아내는 솔루션을 개발하여 최근에 약 2,000억 원 이상에 매각된 수아랩 역시 마찬가지다.

국내 스타트업 투자는 한국벤처투자(모태펀드 운용기관)가 과거부터 주도적으로 이끌어 왔다. 최근에는 연기금, 공제회, 한국성장금융 및 대형 금융기관에서도 앞다퉈 출자사업을 진행하고 있어 향후 시장규모가 더 커질 것으로 보인다.

 투자 나침반을 제대로 읽어라! (1)

| 국내 '창업 기획'의 성공 사례 : 프라이머 |

국내에서 대표적으로 액셀러레이터의 성공 사례를 쓰고 있는 회사로는 프라이머를 먼저 꼽을 수 있다. 이니시스, 이니텍 등을 창업하여 성공적으로 매각한 권도균 대표가 설립한 회사다. 대중들에게 잘 알려진 스타일쉐어, 마이리얼트립, 호갱노노 등에 초기투자자로 참여해 성공적으로 회사를 매각하거나 창투사로부터 추가적인 자금유치에 성공했다.

프라이머에 따르면, 스타트업 투자 규모는 2010년부터 현재까지 179개에 이른다. 세탁특공대(온라인 세탁소), 번개장터(중고거래 플랫폼), 아이디어스 등도 여기에 포함된다.

IBK캐피탈에서도 프롭테크* 시장 전망을 밝게 보고 프라이머가 초기

---

* 프롭테크(Prop tech) : 부동산(Property)과 기술(Technology)을 결합한 용어로, 정보기술을 결합한 부동산서비스산업을 말한다. 프롭테크 비즈니스 영역은 크게 중개 및 임대, 부동산 관리, 프로

투자한 호갱노노에 투자를 집행한 바 있다. 당시 직방, 다방 등 프롭테크의 선두주자들이 인지도를 올리고 있는 상황에서 호갱노노는 이용자 친화적인 유저 인터페이스^{UI}를 바탕으로 아파트 시장에 특화된 앱을 개발했다. 결과적으로 직방에 피인수 되면서 공동투자자들이 성공적으로 투자금을 회수^{Exit}한 경험이 있다.

또 다른 투자사례는 온라인 여행 플랫폼$^{OTA, Online Travel Agency}$인 마이리얼트립이다. 이 회사 역시 프라이머에서 액셀러레이터로 투자에 참여한 곳이다. IBK캐피탈도 OTA시장이 향후 5~10년 동안 급성장할 것으로 예상하고 국내 선두주자인 마이리얼트립에 투자했다.

마이리얼트립은 초기에는 온라인을 통한 여행 액티비티에 집중했는데, 최근에는 항공권 예약부터 숙박까지 여행과 관련된 모든 서비스를 제공하는 OTA 플랫폼으로 진화하고 있다.

2) 성장기 : 프리IPO 투자

흔히들 이야기하는 죽음의 계곡$^{Death Valley}$을 건너게 되면 회사는 성장기에 접어들게 된다. 이때부터 매출액은 급격히 늘어난다. 이 시기가 오면 운영자금에 대한 투자 혹은 사업 확장을 위한 시설자금 투자가 필요하게 된다.

회사가 성장기에 접어들면 매출액은 늘어나지만, 흔히 운전자본비용^{NWC}이라고 불리는 매출채권, 재고자산도 같이 불어나기 때문에 현금이

젝트 개발투자, 투자 및 자금 조달 분야로 분류할 수 있다. (출처 : 매일경제)

그림 1-2 | 창업기업의 상품화 및 사업화 과정

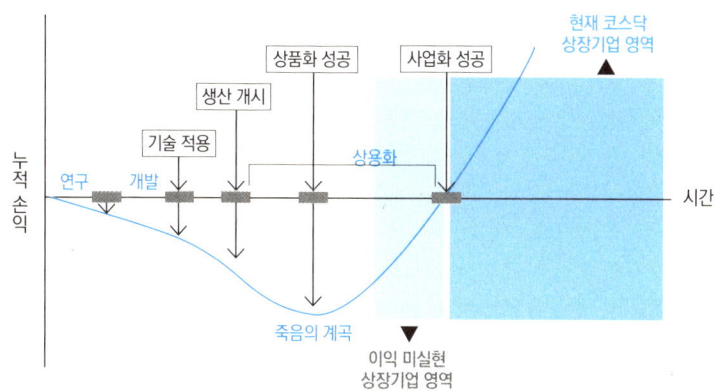

자료: 금융위원회

부족하게 된다. 이런 이유로 성장기에 있는 회사는 투자금이 필요하게 되고, 창투사 및 신기사(신기술사업금융회사)가 주로 자금을 공급하게 된다.

지금은 비상장기업에 투자하는 투자기구^{Vehicle}가 다양하게 존재하지만 과거에는 그렇지 않았다. 창투사와 신기사가 그동안 단연 핵심적 역할을 담당했다.

가령 네이버 같은 기업도 이런 투자기구의 투자를 받았던 곳이다. 지금은 국내 모바일과 인터넷 산업을 이끌고 있는 대표기업이지만, 네이버 또한 당연히 스타트업 시절이 있었다.

네이버, 다음커뮤니케이션(현재 카카오) 같은 기업이 태동하던 시기는 IMF 금융위기 이후 무렵이다. 당시 금융위기로 무너진 경제를 다시 일으키기 위해서 새로운 성장동력을 찾고 있던 정부에서 가장 중점적으로 육성하던 분야가 IT 및 통신 산업이었다. 전 국민을 대상으로 핸드폰 보급이 본격화 되고, 집집마다 초고속인터넷이 연결되기 시작했다.

당시 유명했던 창투사는 KTB네트웍스와 한국기술투자(현재 SBI인베스트먼트)로, 국내 벤처투자시장의 양대 산맥을 이루고 있었다. 신기사로 가장 규모가 있는 곳은 KDB캐피탈과 IBK캐피탈이었다.

네이버는 한국기술투자로부터 당시로서는 큰 금액인 100억원을 투자받아 상장에 성공했다. 지금은 시가총액 30조원의 대기업으로 성장했다. 현재는 라인을 필두로 해서 다양한 계열사를 두고 수많은 스타트업에 투자하고 있다.

다음커뮤니케이션도 마찬가지다. 당시 국내 창투사로부터 투자를 받아 상장했고, 상장 후에는 카카오와 합병했다. 이후 멜론, 김기사(현재 카카오내비) 인수 등 굵직한 M&A를 통해 대기업으로 성장했고, 카카오인베스트먼트 등 투자기관을 통해 수많은 스타트업에 투자하고 있다.

이처럼 국내에서 비상장기업 투자, 특히 상장 직전에 있는 기업에 가장 많이 투자하는 곳은 창투사와 신기사다. [표 1-1]은 창투사와 신기사를 비교한 것이다. 설립에 필요한 자금은 창투사가 20억원, 신기사가 100억원이다. 신기사 설립에 더 많은 자본금이 필요한 반면, 투자에 따르는 제약은 신기사가 덜한 편이다.

성장기는 증권시장 상장을 위한 상장예비심사 청구 3~5년 전 단계(흔히 프리IPO 단계라고 한다)로, 투자되는 자금은 대부분 상환전환우선주 혹은 주식연계형 채권과 같은 메자닌 상품에 집중된다.

메자닌 상품이란, 채권의 안전성과 주식의 수익성을 모두 갖춘 상품이다. 상환전환우선주, 전환사채[CB], 신주인수권부사채[BW], 교환사채[EB]가

표 1-1 | 신기술사업금융회사와 창업투자회사 비교

구분		신기술사업금융회사	창업투자회사
설립 근거		여신전문금융업법	중소기업창업지원법
감독 소관		금융위원회(금융감독원)	중소벤처기업부 (한국벤처투자)
자본금 요건		최소 100억 원	최소 20억 원
설립 운영 요건	투자 대상	신기술사업자 (기술보증기금법)	중소·벤처기업
	투자 의무	없음	창투사 등록 후 3년 이내 자본금의 40%를 창업자 및 벤처기업 등에 신규 투자
	가능 업무	신기술사업자에 투·융자, 여신전문금융회사 부수 업무 (자문서비스 등)	중소·벤처기업에 대한 투자
업무 범위 및 방법	투자 방법	신주·구주, 타조합 지분인수 무형자산(IP 등) 인수, 해외투자	주로 신주투자 (구주투자 등 제한) 해외투자 (의무비율 등 충족 후)
	운영 조합	신기술사업투자조합, 한국벤처투자조합, PEF	중소기업창업투자조합 한국벤처투자조합, PEF
기대(적합) 역할		기업의 성장단계별 금융지원 중간회수시장 활성화	초기중기단계 기업에 대한 투자 - 중소기업 창업 지원
규모 현황 (2017년 말)		42개사, 투자잔액 3.5조원 조합 결성규모 5.2조원 [주1), 주2)]	120개사, 투자잔액 7.7조원 조합 결성규모 20.1조원

주1) 2017년 말 기준 신기술사업금융회사로 등록된 회사 92개사 (전업신기술금융회사 42개사).
주2) 92개사 중 42개사를 제외한 50개사는 겸업여신전문금융회사 33개사, 겸영금융투자회사 17개사.
자료 : 금융감독원 전자공시사이트, 아주IB투자 설명서

주요 메자닌 상품에 속한다. 주가 상승장에는 보통주로 전환해 자본 이득을 취할 수 있다. 상환권이 있는 우선주 혹은 채권이기 때문에 하락장에도 원금에 대한 상환청구가 가능하고, 가격조정 조항^{Refixing}에 따른 이득을 챙길 수 있다.

상장 전프리IPO 투자는 투자자 입장에서 보면 투자 성공확률이 가장 높은 투자 방식이다. 기관투자자들이 가장 선호하는 투자이기도 하다. 회사가 급격히 성장하는 단계이기 때문에 창업 초기 투자와 달리 기업에 대한 멘토링 등 기업가치제고$^{Value-up}$ 활동에 대한 투자자들의 부담이 덜하다고 할 수 있다.

현재 시장에는 프리IPO 단계에 있는 회사에 투자하기 위한 다양한 펀드가 출시되어 있다. 창투사와 신기사는 공모 형태로 조합의 출자자를 모집하는 것을 꺼려하는 편이다. 하지만 최근에는 자산운용사들이 프리IPO 회사에 투자하기 위해 다양한 펀드 상품을 출시했고, 수익률 또한 양호한 편이다.

3) 성숙기 : 메자닌 투자

성숙기에 있는 기업은 통상적으로 상장을 완료한 단계의 기업이 많다. 이 단계의 기업은 창업기, 성장기를 지나 상장을 통해 주식시장에서 충분한 자금을 조달한 경우도 흔히 있기 때문에 당장 급하게 대규모 자금이 필요한 경우는 드물다.

하지만 상장하는 과정에서 대주주의 지분율이 희석되어 지분확대가 필요한 경우가 많다. 이런 경우 메자닌 상품 발행 후 대주주가 콜옵션$^{Call\ Option}$을 행사해 지분을 확대한다. 그리고 신규사업 진출을 위해서 추가적인 자금이 필요한 경우 자본시장을 통해서 자금을 조달한다.

대기업 계열사처럼 신용등급이 우량한 기업들은 채권시장에서 지분율 희석 없이 사채를 통해 자금조달이 가능하다. 하지만 중소·중견기업들은 신용등급이 낮은 회사가 대부분이기 때문에 상환전환우선주나 주식연계형 채권과 같은 메자닌 상품을 발행해서 자금을 조달한다.

4) 쇠퇴기 : 바이아웃 투자

쇠퇴기는 주로 전방산업의 업황 악화로 매출액 및 이익이 감소하는 단계에 해당한다. 이 단계에 접어들게 되면, 창업자가 회사를 매각하거나 구조조정을 통해 재도약을 모색하기도 한다.

투자자들은 창업자가 회사를 매각할 때 바이아웃* 투자를 하거나 채무재조정을 통한 구조조정투자를 집행한다. 과거에는 CRC**라는 이름의 펀드에서 기업구조조정투자를 많이 했지만, 2004년 국내에 사모펀드PEF, Private Equity Fund가 도입된 이후에는 경영참여형 사모펀드가 이 역할을 담당하고 있다.

개인투자자들은 사모펀드에 출자자로 참여함으로써 간접적으로 바이아웃투자나 기업구조조정투자에 참여할 수 있다.

2. '기업 생애주기 맞춤형 대체투자'가 중요한 이유

기업 생애주기 맞춤형 대체투자는 통상적으로 주식시장에서 주식을

---

* 바이아웃(Buy-out) : 경영권 인수가 동반된 투자.
** CRC : Corporate Restructuring Company. 기업구조조정 전문회사.

사는 방식과는 전혀 다른 방식의 투자다.

개인투자자들은 상장된 주식을 홈트레이딩HTS 계좌를 통해 직접 사거나 증권사나 은행에서 주식형 펀드에 가입하는 것을 기업에 대한 투자라고 생각한다. 하지만 기관투자자들의 경우는 다르다. 기업 생애주기에 따라 다양한 지분투자 방식을 구사한다. 주로 비상장사 상환전환우선주나 상장사 주식연계형 채권과 같은 메자닌 상품, 사모펀드 출자를 통한 대체투자 등이다.

특히 지금은 4차 산업혁명시대 개막으로 전통 제조업 및 유통업이 쇠퇴하고, 모바일을 중심으로 산업 전반에 걸친 패러다임의 대전환이 이루어지고 있다. 이 때문에 스타트업이나 프리IPO 단계의 기업 등에 더 관심을 가져야 한다. 개인투자자들 역시나 패러다임의 전환이 필요한 시점이라는 소리다.

스타트업이나 프리IPO 단계의 기업들은 주식시장에 상장되어 있지 않은 경우가 대부분이다. 그렇기 때문에 전통적인 방식의 주식투자(HTS 계좌를 통한 투자, 주식형 펀드를 통한 투자)로는 투자를 할 수가 없다. 결국은 비상장단계에서 상환전환우선주나 사모펀드에 대한 출자를 통해서 투자해야 한다.

이른바 미국에서 혁신기업이라고 하는 애플, 아마존, 넷플릭스, 페이스북, 구글 등도 스타트업이나 프리IPO 단계를 거쳤고, 이 당시에 투자한 기관투자자들은 이후 엄청난 수익을 거두었다. 중국의 경우도 예외가 아니다. 필자가 중국 상해에서 일하고 있을 당시 알리바바가 뉴욕증시에 상장했다. 징동, 샤오미, 핀둬둬 등도 비상장기업 단계를 거쳐 미국 나스닥이나 홍콩증시에 상장했다. 이 기업들은 상장 전에 중국 투자자뿐만 아니라 전 세계 기관투자자들의 투자를 받았다. 결과적으로 투자자들은 엄청난 수익을 거두었다.

비상장사 메자닌 투자, 상장사 메자닌 인수, 사모펀드 출자, 공모주 투자, 세컨더리Secondary 펀드 투자 등이 개인투자자들이 관심을 가져야 하는 대표적인 투자상품이다. 이 책에서 이야기하는 '기업 생애주기 맞춤형 대체투자'의 구체적인 사례 역시 바로 이런 상품들이다.

개인투자자들뿐 아니라 심지어 금융기관 종사자(주로 은행, 증권사 리테일 담당자)들도 이런 방식의 투자를 해본 경험이 많지 않아 보인다. 그러니 상품에 대한 이해도 역시 떨어질 수밖에 없다. 그나마 다행스러운 것은 최근 여러 자산운용사와 자문사들이 코스닥 벤처투자 펀드 등을 설

그림 1-3 | 대체투자의 종류

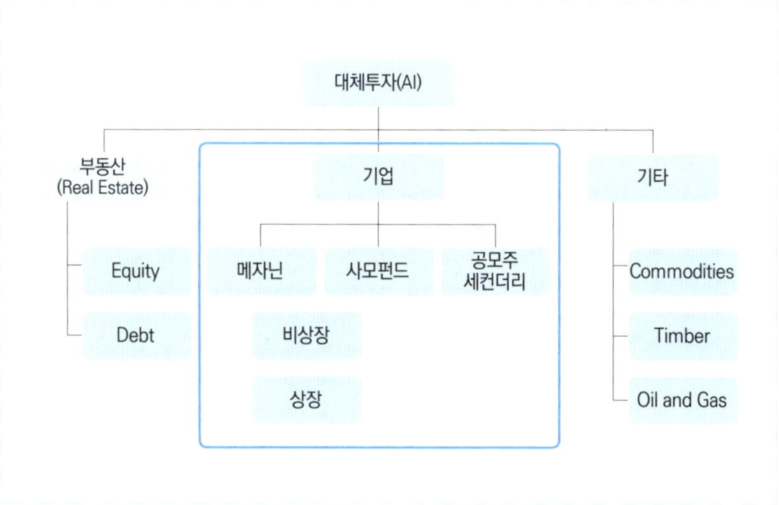

```
                    대체투자(AI)
          ┌─────────────┼─────────────┐
      부동산            기업            기타
   (Real Estate)   ┌────┼────┐
        │        메자닌 사모펀드 공모주
      Equity                    세컨더리      Commodities
      Debt        비상장                      Timber
                  상장                        Oil and Gas
```

자료 : 저자

립하고 있다는 점이다. 이를 통해 비상장사 및 상장사 메자닌 투자, 공모주 투자 등을 확대한다는 계획이다.

명실공히 투자의 영토가 달라지고 있다. 투자자라면 상장주식 투자에 버금가는 수준으로까지 대체투자에 속하는 상품에 대한 이해도를 높여야 한다. (이렇게 투자의 범위를 다시 한 번 더 넓히는 것이다.) 그리고 보다 더 장기적인 투자에 공을 들여야 한다. 상품에 대한 충분한 이해 없이는 원하는 수익을 올리기 힘들다. 이것이 지금 우리가 마주하고 있는 현실이다.

이 책 2장부터는 본격적으로 기업 생애주기 맞춤형 대체투자 상품에 관해 다룰 것이다. 투자의 방향성을 가늠하게 해 줄 구체적인 실전사례 또한 함께 소개한다.

✓ **체크 포인트**

❶ 사람이 태어나서 유아기, 성장기, 성숙기, 노년기를 거치듯 기업 역시 창업기, 성장기, 성숙기, 쇠퇴기를 겪는다. 특히 기업의 경우 각 단계마다 필요한 자금의 성격이 달라지고 자금 조달창구가 바뀐다. 그래서 기업 생애주기 맞춤형 대체투자가 필요한 것이다.

❷ 기업 창업기와 스타트업 투자는 모태펀드 운용기관인 한국벤처투자가 과거부터 주도적으로 이끌어 왔다. 최근 연기금, 공제회, 한국성장금융 및 대형 금융기관

에서도 앞다퉈 출자사업을 진행하고 있어 시장규모가 더 커질 전망이다.

❸ 성장기는 증권시장 상장을 위한 상장예비심사 청구 3~5년 전 단계에 해당한다. 흔히 프리IPO 단계라고 한다. 프리IPO 투자는 투자자 입장에서 보면 투자 성공확률이 가장 높은 투자 방식이다. 현재 시장에는 프리IPO 단계에 있는 회사에 투자하기 위한 다양한 펀드가 출시되어 있다.

❹ 성숙기에 있는 기업은 통상적으로 상장을 완료한 단계다. 이때 기업들은 신규사업 진출 등을 위해 상환전환우선주나 주식연계형 채권과 같은 메자닌 상품을 발행해 자금을 조달한다.

❺ 쇠퇴기는 주로 전방산업의 업황 악화로 매출액 및 이익이 감소하는 시기다. 창업자가 회사를 매각할 경우 바이아웃 투자가 진행된다. 개인투자자들은 사모펀드에 출자자로 참여함으로써 간접적으로 바이아웃투자나 기업구조조정투자에 참여할 수 있다.

❻ 기업 생애주기 맞춤형 대체투자는 통상적으로 주식시장에서 주식을 사는 방식과는 전혀 다른 방식의 투자다. 비상장사 메자닌 투자, 상장사 메자닌 인수, 사모펀드 출자, 공모주 투자, 세컨더리 펀드 투자 등이 개인투자자들이 주목할만한 대표적인 투자상품이다.

2장

'고위험 고수익의 세계' 비상장사 메자닌 투자

비상장사 투자는 상장사 투자보다는 확실히 위험부담이 크다. 상장사는 자금이 부족할 때 공개시장에서 자금조달이 가능하지만, 비상장사는 그렇지 않기 때문이다.

하지만 저금리로 유동성이 풍부해짐에 따라 비상장사도 자금조달 문턱이 차츰 낮아지고 있다. 대표적인 예가 비상장사 메자닌 상품(상환전환우선주, 전환우선주, 주식연계형 채권)에 투자하는 펀드가 속속 출시되고 있다는 점이다. 대부분 고위험 고수익을 추구하기 때문에 산업과 기업에 대한 이해가 필수적이다. 운용사 운용역의 트랙레코드_{개인·기관의 모든 실적}를 반드시 확인해야 한다.

그렇다면 상환전환우선주라는 것은 무엇일까? 개념부터 확실히 짚고 넘어가자.

상환전환우선주는 상환권과 전환권이 옵션으로 제공되는 상품이다. 영어로는 Redeemable Convertible Preferred Stock이라고 하는데 RCPS라고 줄여서 쓴다. 상장사 주식연계형 채권처럼 투자 후에 회사의 사업내용이 지지부진해서 투자단가를 넘어서지 못하면 회사에 상환청구(이 경우에도 예금금리보다 훨씬 높은 YTM_{만기보장수익률}을 받을 수 있다)를 하면 된다. 반대로 투자 후에 사업이 날개를 달아서 매년 큰 폭으로 성장하면 전환청구를 해서 매각하고 나오면 된다. 물론 상장사 메자닌과 같이 가격조정 조항이 있다.

결론적으로 주식연계형 채권하고 속성이 같기 때문에 동일한 메자닌 상품으로 취급된다. 투자를 받는 회사, 즉 발행사 입장에서는 대부분의 경우 부채로 분류*되기 때문에 부채비율이 올라간다(부채로 분류되지 않는 경우가 있는데 뒤에 따로 설명하도록 하겠다).

물론 차이점도 있다. 상장사 주식연계형 채권과 가장 크게 다른 점은, 투자자가 상환권 행사 시 발행사에 상환재원(통상적으로 배당가능이익)이 없으면 상환의무가 사라진다는 점이다. 이 부분에서 상장사 주식연계형 채권보다는 투자자 입장에서 리스크가 크다.

하지만 통상적으로 비상장사 상환전환우선주에 대한 투자가 상장사 주식연계형 채권에 대한 투자보다 훨씬 큰 수익을 안겨준다. 이 때문에 국내 벤처투자기관(창투사, 신기사)들이 선호하는 방법이다. 위험이 클수록 높은 수익으로 돌아온다는 '하이리스크 하이리턴'의 법칙이 그대로 통용된다.

전환우선주는 상환권 없이 전환권만 있는 상품이지만, 가격조정 조항이 있기 때문에 보통주와는 확연히 차이가 나는 상품이다.

---

* 상환전환우선주는 한국채택국제회계기준(K-IFRS) 적용기업에게는 부채(단, 상환권이 투자자에게 있는 경우), 일반회계기준(K-GAAP) 적용기업은 자본으로 분류가 된다.

1. '돌려받고, 바꿀 수도 있는' 상환권과 전환권 다 가진 우선주

1) 투자금 회수를 위한 '안전장치'

과거 1990년대 후반 벤처붐이 일던 시대에는 비상장기업에 보통주로만 투자를 했다. 하지만 보통주는 투자자에게 상환권 및 전환권이 부여되지 않는다. 때문에 투자한 기업의 실적이 좋지 않아 기업공개^{IPO}가 불가능하거나 실적이 지지부진해도 투자자가 투자금을 회수 할 수 있는 수단이 없었다. 간혹 투자자가 대주주에게 상환청구권$^{Put\ Option}$을 행사해서 대주주가 환매$^{buy\ back}$해주는 사례가 있기는 했지만 아주 드물게 발생했다.

벤처기업 투자는 이른바 투자조합을 결성해서 하기 때문에 조합만기가 도래하는 일정 기간 이후에는 반드시 투자금을 회수해야 한다. 그래야 투자조합에 출자해 준 출자자들에게 원금과 일정 수익을 돌려줄 수 있다. 그렇기 때문에 벤처기업에 대한 투자는 만기가 있는 상환전환우선주 투자가 대세로 자리 잡았고, 이제는 발행사에서도 이를 잘 인지하고 있다.

기관투자자들은 이미 비상장사 투자를 위해서 조성된 창업투자조합, 신기술투자조합에 출자자로 참여해 조합을 통해서 비상장사 상환전환우선주에 적극 투자하고 있다.

간혹 신문지상에서 보거나 중소벤처기업 CEO를 만나보면, 상환전환우선주가 벤처기업 투자로 적절하지 않다는 비판적인 목소리도 듣는다. 핵심은 기관투자자들이 리스크를 짊어지기를 싫어한다는 것으로, 좀 더 과감하게 보통주로 투자해 달라는 이야기다.

필자의 생각은 조금 다르다. 운용사 입장에서 가장 중요한 것은 중소벤처기업에 대한 지원과 더불어 투자금의 회수라고 할 수 있다. 그런데 투자금 회수가 원활하지 않다면 어떻게 될까? 가령 이런 경우다. 기업이 투자를 받은 후에 이익이 나고 충분히 상장을 갈 수 있는 상황임에도 불구하고 고의적으로 상장을 피하는 것이다. 실제로도 이런 기업들이 많이 있다.

이 경우 투자계약서에 상장을 강제할 수 있는 조항이나 투자금 회수가 가능한 조항이 있으면 모르겠지만, 그런 조항이 없을 경우는 계속해서 지분을 유지해야 하는 부담이 생긴다. 장외에서 이 지분을 매각하고 싶어도 상장을 가지 않을 기업의 지분을 매입해 줄 기관투자자는 존재하지 않는다.

기관투자자는 투자금 회수장치를 마련하고 싶어 하고, 반대로 투자를 받는 중소벤처기업의 CEO는 상환부담을 지기 싫어한다. 각자의 입장에서만 보면 답이 없는 이야기다. 하지만 '투자-회수-재투자'의 선순환 측면에서 보면 답은 명확하다. 투자금의 상환장치가 마련되어 있는 투자가 바람직하다.

투자 나침반을 제대로 읽어라! (2)

| 비상장회사 투자를 위한 벤처투자조합 |

국내에는 많은 창투사들과 신기사들이 비상장 벤처기업에 투자하기 위한 조합을 운영하고 있다. 대표적인 것이 창투사가 운영하는 창업투자조합과 신기사가 운영하는 신기술투자조합이다.

최근에는 증권사들도 신기술금융사 라이선스를 획득하면서 신기술투자조합을 만들고 있고, 자산운용사들도 펀드를 만들어서 비상장 벤처기업에 투자를 하고 있다.

각 투자조합 및 펀드는 비상장 벤처기업에 투자한다는 공통점은 있지만, 조금씩 그 성격이 다르다.

창투사가 결성하는 창업투자조합과 신기사가 결성하는 신기술투자조합은 국내 벤처투자의 양대 축이다. 창업투자조합을 결성하기 위해서는 최소 자본금 20억원으로 창투사를 설립해야 한다. 신기술투자조합을 결성하기 위해서는 최소 자본금 100억원으로 신기사 설립 후 라이선스를 취득해야 한다.

창업투자조합은 중소벤처기업부 관할로 등록을 해야 한다. 반면에 신기술투자조합은 금융위원회 관할로 등록절차가 필요 없고, 투자대상도 중소기업뿐만 아니라 중견기업에 대한 투자까지 가능하다. 또 신기술투자조합은 비상장사 뿐만 아니라 상장사에도 투자가 가능하기 때문에 기관투자자들은 훨씬 선호한다.

국내에서 업력이 가장 오래된 신기사로는 IBK캐피탈을 들 수 있다. 주로 모기업인 IBK기업은행과 한국벤처투자(흔히 모태펀드라고 한다)에서 자금을 지원받아 투자조합을 결성하고 있다. 중소기업상생투자조합, 동반성장조합 등 다양한 신기술투자조합들이 있다.

이외에도 한국벤처투자조합[KVF]이라고 해서 한국벤처투자가 출자금을 제공한 후에 이를 기반으로 조성하는 펀드가 있다(M&A 펀드와 세컨더

표 2-1 | 창업투자조합과 신기술투자조합 비교

구분	창업투자조합	신기술투자조합
설립 근거	중소기업창업지원법	여신전문금융업법
운용사(GP)	창업투자회사 신기술금융사, LLC	신기술금융사
운용사의 최소 자본금	창투사 20억 (100억→50억→20억으로 계속 낮아지는 추세) LLC는 없음	100억원 (200억원에서 100억원으로 낮아짐)
투자 대상	주로 비상장기업 신주 (구주에 투자하기 위해서는 별도로 조합을 구성해야 함) 주목적투자 (설립 7년 내 창업기업 등에 신주 40% 이상 투자) 의무	중소 중견기업에 대한 신주, 구주 (상장, 비상장 모두 가능) -최근 중견기업으로 투자 범위 확대
주요 출자자(LP)	한국벤처투자(모태펀드), 국민연금, 한국성장금융 산업은행을 포함한 시중은행, 공제회 등	
관할	중소벤처기업부	금융위원회
조합 만기	5~7년	
투자 기간	3~4년	
세제 혜택	주식 등 양도차익 비과세, 배당소득 비과세(법인), 증권거래세 비과세, 조합출자에 대한 소득공제 등	

자료 : 금융위원회

리 펀드는 모태펀드 출자 없이도 결성이 가능하다).

특이한 점은 주요 출자자가 대부분 공공기관의 성격이 강하다는 것이다. 한마디로 정부자금이라는 말이다. 민간기업에서 출자를 받기도 하지만 비율로 따지면 미미한 수준이다. 그러다보니 주요 출자자가 출자사업 공고를 내면 운용사들은 치열한 경쟁을 펼쳐야 한다.

선정 이후에는 외부 자금을 매칭해서 정해진 시간 안에 펀드를 조성해야 하고, 투자기간(통상 3~4년) 내에 투자를 완료해야 한다. 기간 안에 투자를 완료하지 않으면 페널티를 물게 된다. 또 조합만기(5~7년)가 되기 전에 투자한 자산을 대부분 회수해야 한다. 만기를 1~2년 연장해 주기도 하는데 그러기 위해서는 남은 투자자산이 얼마 없어야 하고, 곧 회수완료 예정이라는 것을 보여주어야 한다. 정부자금으로 조성된 펀드이기 때문에 투자 실패 사례가 발생하게 되면, 왜 실패했는지 소명까지 해야 한다.

운용사 입장에서는 부담스러운 대목이 아닐 수 없다. 투자조합의 최종 목적인 수익창출도 중요하지만 정해진 시간 안에 투자완료 및 청산완료를 해야 하고, 투자 실패 사례가 발생하면 따가운 시선까지 받아야 한다. 그러다보니 운용상의 제약이 일정 부분 존재하고, 과감하고 공격적인 투자가 이루어지기 힘들다.

개인투자자 입장에서 가장 주목해야 하는 부분은 이런 조합이 세제혜택[주식 등 양도차익 비과세, 배당소득 비과세(법인), 증권거래세 비과세 등]이 크다는 점이다. 또 개인투자자가 조합에 출자할 경우 소득공제 혜택도 신설되었다. 개인투자자들은 조합에 출자할 때 세제혜택이 있는 조합을 사전에 꼼꼼히 살펴보고 출자한다면 수익을 극대화할 수 있다.

2) 자본일까? 부채일까? 상환전환우선주의 성격

상환전환우선주는 자본일까? 부채일까? 이는 투자받는 회사 입장에서 아주 중요한 문제다. 왜냐하면 부채로 분류되면 당연히 부채비율이 올라간다. 하지만 자본으로 분류되면 자기자본이 올라가고 부채비율은 떨어진다.

과거 IFRS국제회계기준를 도입하기 전에는 상환전환우선주로 기업들이 투자를 받아도 자본으로 분류가 되었다. 투자자들이 상환권을 보유하고 있어서 상환을 청구해도 회사는 배당가능이익 범위 내에서만 상환을 하면 되기 때문이다. 만약 배당가능이익이 없으면 상환을 하지 않아도 된다. 또 투자자들이 전환권을 행사해 전환주식 수량을 확정하면 보통주로 전환이 되기 때문에 자본의 속성이 강했다.

하지만 국내에서도 IFRS가 도입되면서 기존의 K-GAAP일반회계기준 방식의 회계처리에서 많은 부분들이 변경되었다. 대표적으로 상환전환우선주를 발행한 발행사들은 경우에 따라서 부채로 계상해야 한다는 점이 그렇다.

그럼 어떤 경우에 부채로 계상해야 될까? IFRS에서 부채는 "확정수량의 자기지분상품에 대하여 확정금액의 현금 등 금융자산을 교환하여 결제하는 방법이 아닌 방법으로 결제되거나 결제될 수 있는 파생상품"으로 정의되어 있다. 그러니까 상환전환우선주라도 상환권을 투자자가 아닌 발행회사가 보유하면 자본으로 분류될 수 있지만, 이 경우라도 전환권이 확정수량 대 확정금액 요건을 충족하지 못하면 부채로 분류가 된다.

다시 말하면, 이른바 실적에 따른 전환가액 조정 및 IPO 공모가에 따른 전환가액 조정 조건이 투자조건에 추가가 되면 부채로 분류가 된다는 것이다. 상장사의 주식연계형 채권은 시가를 반영해서 전환가액 조정이 이루어졌고, 이미 부채였다. 하지만 비상장사에 대한 상환전환우선주 투자는 시가가 형성되어 있지 않기 때문에 시가에 따른 전환가액 조정이 이루어지지 않는다. 대신 투자자들은 대부분 실적에 따른 전환가액 조정, IPO 공모가에 따른 전환가액 조정 조건을 원한다.

투자 당시 투자자와 발행사 오너 간에 투자단가가 불일치하는 경우가 많다. 또 IPO 추진 과정에서 여러 가지 변수로 인해 투자자가 투자한 단가 대비 낮은 가격에 공모가가 형성되는 경우가 종종 있기 때문에 투자자는 이에 대한 대비책을 미리 세워 놓는 것이다.

투자 나침반을 제대로 읽어라! (3)

| 상환전환우선주 때문에 발생하는 파생상품부채 평가손실 |

비상장 벤처기업이 상장이 임박해서 내놓는 공시내용을 보면 거액의 파생상품부채 평가손실이 발생하는 경우가 많다. 이는 상환전환우선주가 가진 부채의 속성 때문이다.

스타트업이나 벤처기업들은 주로 상환전환우선주를 통해서 자금을 조달하는데, 이는 보통주 취득 옵션(전환권)이 부여된 금융상품이다. 그런데 상환전환우선주가 발행사 입장에서 자본이 아닌 부채로 분류될 경우, 보통주 취득 옵션이 파생상품부채로 분류가 된다는 데 문제가 있다.

이 경우 회사의 실적이 좋아지면 보통주 가치가 증가할 것이고, 거기에 비례해서 상환전환우선주에 붙어있는 보통주 취득 옵션인 파생상품부채도 커지는 구조다. 실적이 좋고 기업가치가 올라갈수록 회사의 파생상품부채 평가손실이 커지는 역설적인 상황이 벌어진다는 것이다.

다행히도 이렇게 발생하는 파생상품부채 평가손실은 실제 영업에서 발생한 손실은 아니고 현금흐름에도 영향은 없다. 하지만 대규모 손실로 인해서 자기자본에 나쁜 영향을 미치게 되고, 부채비율도 올라가게 된다. 심지어 자본잠식에 빠지는 회사마저 생겨난다. 따라서 상환전환우선주 발행사들은 상장 전에 미리 투자자에게 상환전환우선주를 보통주로 바꿔달라고 요청을 하게 된다.

휠라코리아도 세계적인 골프용품업체 아쿠쉬네트를 인수할 당시 상환전환우선주, 전환사채, 신주인수권부사채를 대규모로 발행했는데, 아쿠쉬네트의 실적이 좋아지면서 오히려 대규모 손실이 발생하기도 했다.

휠라코리아는 2011년 미래에셋PEF, 산업은행 등과 함께 아쿠쉬네트를 12억 2,500만달러에 인수했다. 인수금융을 일으키기 위해서 알렉산드리아라는 특수목적회사SPC를 설립했다. 이후 휠라코리아는 알렉산드리아 주식에 1억달러를 직접 투자했고, 미래에셋 펀드는 알렉산드리아가 발행한 상환전환우선주, 전환사채, 신주인수권부사채를 인수하는 방식

그림 2-1 | 휠라코리아의 아쿠쉬네트 인수 구조

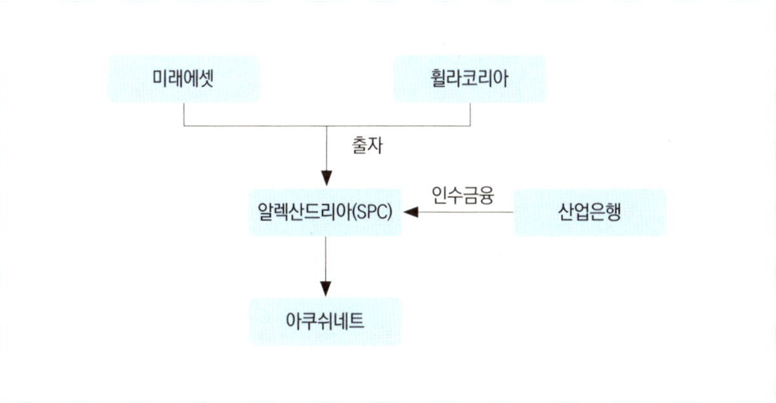

자료 : 저자

으로 6억 2,500만달러를 투자했다. 나머지 5억달러는 산업은행에서 인수금융으로 조달했다.

이후 아쿠쉬네트가 2015년 상반기에 사상 최대 실적을 거두면서 알렉산드리아가 발행한 상환전환우선주, 전환사채, 신주인수권부사채에 포함된 전환권의 가치가 급등했고, 모두 파생상품부채 평가손실로 기록되게 된다. 이 때문에 인수금융을 위해서 설립한 알렉산드리아가 대규모 적자를 기록하게 되고, 이는 지배구조상 최상단에 있는 휠라코리아 재무제표에 영향을 미쳤다.

하지만 이 손실은 영업이익과는 무관하고 당기순이익에만 영향을 준다. 결론적으로 이 손실은 현금흐름과는 상관없는 손실이기 때문에 휠라코리아에 큰 영향을 주지 않았고, 아쿠쉬네트가 뉴욕증시에 상장하면서 휠라코리아와 재무적 투자자 모두에게 큰 수익을 안겨주었다.

엔지켐생명과학의 경우도 상황이 비슷하다. 엔지켐생명과학은 1999년에 설립된 원료의약품 제조 및 신약개발을 하는 바이오벤처기업이다. 바이오산업의 성장성 및 엔지켐생명과학의 R&D 역량이 우수하다고 판단한 IBK캐피탈과 KDB캐피탈이 투자했다.

투자 이후 엔지켐생명과학은 2013년 9월 코넥스 시장에 상장하면서 개인투자자들도 거래할 수 있게 되었다. 때마침 코스닥 시장 중심으로 바이오 투자 열풍이 불면서 2014년에 주가가 급등했다. 하지만 엔지켐생명과학은 2014년 약 193억원, 2015년에 약 40억원의 파생상품부채 평가손실을 기록했다. 바로 IBK캐피탈과 KDB캐피탈을 대상으로 발행한 상환전환우선주 때문이었다.

그림 2-2 | 엔지켐생명과학의 주가 추이

자료 : 네이버증권

표 2-2 | 엔지켐생명과학의 손익계산서 (단위 : 원)

구분	2015년	2014년
매출액	15,635,676,778	15,367,630,495
제품매출액	14,061,496,107	14,182,313,865
상품매출액	1,140,584,400	1,124,647,460
기타매출액	433,596,271	60,669,170
매출원가	13,280,698,160	14,177,178,035
매출총이익	2,354,978,618	1,190,452,460
판매비와관리비	9,239,803,822	3,509,807,970
영업이익(손실)	(6,884,825,204)	(2,319,355,510)
영업외수익	201,361,513	3,538,480,560
영업외비용	5,064,561,737	21,313,387,736
파생상품평가손실	3,982,019,527	19,306,081,079
법인세비용차감전순손익	(11,748,025,428)	(20,094,262,686)
법인세비용	33,788,988	27,206,270
당기순손익	(11,781,814,416)	(20,121,468,956)

자료 : 금융감독원 공시사이트

하지만 엔지켐생명과학의 기술력 및 코스닥 이전 상장 가능성을 높게 평가한 기관투자자들이 보유 중이던 상환전환우선주를 차례로 보통주로 전환했다. 대규모 손실 때문에 자본잠식 리스크에 놓여 있던 회사는 이를 극복하고 2018년 2월 21일 마침내 코스닥 이전에도 성공했다. 투자했던 기관들은 당연히 큰 수익을 거두었다.

3) 상장사보다 월등히 높은 상환청구금리

비상장사 상환전환우선주의 일반적인 발행조건은 [표 2-3]과 같다. 투자조건 가운데 특이한 점은 상환청구금리가 상장사보다 월등히 높다는 점이다. 통상적으로 업계에서는 투자 시 투자조합 혹은 펀드의 기준수익

표 2-3 | 상환전환우선주의 발행조건표

발행 회사	○○○○ 주식회사
발행 형태	의결권부 상환전환우선주
투자금액	○○ 억원
배당률	1%
조기상환금리(YTP) 만기상환금리(YTM)	8%
조기상환청구권(Put Option)	3년 이후
만기(존속 기간)	10년
전환권	사모발행으로 발행 당일부터 전환 가능
전환가격	주당 ○○○○ 원
전환가격 조정	실적에 따른 전환가격 조정 IPO 공모단가가 투자단가를 하회할 시, IPO 공모단가로 투자단가 조정

자료 : 저자

률을 8%(최근에는 낮아지는 금리 추이를 반영하여 6~7%로 조정하기도 한다)로 책정하는데 이와 동일하다. 또 배당률은 1%다. 하지만 비상장 성장기업에 투자하기 때문에 배당을 하는 경우는 거의 없다.

우선주의 만기 역시 비상장사이기 때문에 IPO를 감안해 10년 장기로 가져간다. 전환권의 경우 우선주 발행 당일부터 보통주로 전환이 가능하지만, IPO에 대한 불확실성이 존재하기 때문에 단기간에 보통주로 전환을 청구하는 투자자는 없다. 대신 IPO가 확실해지는 시점(통상적으로 예비심사청구서 제출 시점)이 되면 회사측에서 보통주로 전환해 달라는 요청이 온다. 투자자는 이를 검토해서 최종 전환여부를 결정하면 된다.

2. '바꿀 수만 있는' 상환권 없이 전환권만 가진 우선주

전환우선주CPS는 앞서 설명한 상환전환우선주에서 상환권이 없고, 전환권만 존재하는 상품이다.

그렇다면 보통주와의 차이점은 뭘까? 첫 번째, 우선주이기 때문에 배당에서 보통주 대비 우선권을 가진다. 두 번째, 전환권을 행사하는 시점에서 우선주를 보통주로 전환하게 되는데, 이 때 관건은 가격조정 조항이다. 우선주 1주당 가격조정 조항에 따라 보통주 1주가 아니라 그 이상도 받을 수 있기 때문이다.

하지만 앞서 언급한 것처럼 가격조정 조항이 존재할 경우 전환우선주는 자본이 아닌 부채로 분류가 된다. 반면에 가격조정 조항이 없을 경우

표 2-4 | 전환우선주의 발행조건표

발행 회사	○○○○ 주식회사
발행 형태	의결권부 전환우선주
투자금액	○○ 억원
배당률	1%
조기상환청구권	없음
만기(존속 기간)	10년
전환권	사모발행으로 발행 당일부터 전환가능
전환가격	주당 ○○○○ 원
전환가격 조정	실적에 따른 전환가격 조정 IPO 공모단가가 투자단가를 하회할 시, IPO 공모단가로 투자단가 조정

자료 : 저자

는 자본으로 분류된다.

자본으로 분류가 되면 향후 기업가치가 상승했을 때 대규모 파생상품 부채 평가손실 걱정을 하지 않아도 된다. 이 때문에 회사 입장에서는 가격조정 조항을 반기지 않는다.

그런데 만약 가격조정 조항이 없다면 투자자 입장에서 전환우선주는 보통주와 별반 차이가 없는 셈이 된다. 가격조정 조항이 없는 전환우선주와 보통주의 차이를 굳이 들라고 하면 회사 청산 시 잔여재산우선분배권 정도인데, 회사가 청산하면 잔여재산이라는 것이 별 의미가 없을 듯하다.

최근 코스닥에 상장한 바이오기업들은 전환우선주 상품을 선호한다. 비상장 바이오기업들도 최근에는 상환전환우선주보다 전환우선주를 선호한다. 이유는 단순하다. 단기간에 현금창출이 어렵기 때문이다. 다시 말해 상환할 재원이 없다는 말이다. 그러니 발행사 입장에서는 상환권이 없는 우선주 즉, 전환우선주를 택하는 것이다.

3. '투자자가 선호하는 채권 3가지' 비상장사 주식연계형 채권

비상장사 주식연계형 채권(전환사채, 신주인수권부사채, 교환사채)은 비상장사 상환전환우선주와 함께 투자자들이 가장 선호하는 상품이다.

상환전환우선주는 투자자들이 상환권을 행사해도 발행사가 배당가능이익이 없으면 투자자가 상환을 받을 수 없다. 하지만 주식연계형 채권은 배당가능이익과 상관없이 조기상환청구권 시일이 도래하면 투자자가 이를 행사해서 발행사로부터 투자금을 회수할 수 있다.

그렇다면 투자자는 어떻게 상환전환우선주와 주식연계형 채권을 구별해서 투자할까? 우선 발행사와의 협상이 가장 중요한 포인트이다.

투자자는 회사의 재무상태와 상관없이 비상장사의 경우 주식연계형 채권으로 투자하고 싶어한다. 하지만 투자를 받는 회사의 입장에서는 주식연계형 채권으로 투자를 받을 경우 부채비율이 상승하고, 배당가능이익과 상관없이 투자자들의 상환요구에 응해야 하기 때문에 부담스러워한다. 또 부채로 분류가 되기 때문에 향후 기업가치 상승 시 대규모 파생상품부채 평가손실도 걱정해야 한다.

상환전환우선주도 가격조정 조항이 있으면 부채라고 앞서 언급했지만 이는 IFRS 적용 시 해당하는 것이다. 대부분의 스타트업은 K-GAAP를 적용하기 때문에 상환전환우선주는 초기에는 자본으로 분류가 된다.

회사는 우선주 투자를 원하고, 투자자는 주식연계형 채권 투자를 원하기 때문에 결국 상호 협상을 통해서 결론을 도출하는 수밖에 없다.

투자 나침반을 제대로 읽어라! (4)

| 국내 창투사와 미국 창투사, 투자 방식의 차이 |

국내에는 많은 상환전환우선주 투자 사례가 있다. 대부분의 벤처기업 투자가 상환전환우선주로 이루어진다고 보면 된다. 배달의민족, 토스, 직방, 야놀자 등 최근 유니콘으로 급부상한 기업들도 대부분 투자를 상환전환우선주로 받는다고 봐도 무방하다.

국내 기관투자자들은 비상장 벤처기업에 통상적으로 투자조합을 결성해서 투자한다. 투자조합의 만기는 7년인 경우가 대부분이다. 투자기간 4년, 회수기간 3년인 경우가 통상적이다.

그렇다보니 투자조합 결성 초기에 투자한 회사는 비교적 여유 있게 상장을 준비할 수 있다. 그러니까 투자조합을 결성하자마자 투자 받은 회사는 이론적으로 7년 동안 상장 준비기간을 가져갈 수 있는 셈이다. 하지만 투자기간 막바지에 투자를 받은 회사는 상장 준비기간을 3년밖에 가져가지 못한다. 회수기간이 3년이기 때문이다. 이 기간이 끝나면 조합은 청산된다.

그렇다면 미국 벤처캐피탈이 결성하는 투자조합의 경우는 어떨까? 통

표 2-5 | 미국 벤처캐피탈의 조합 결성 사례

펀드 규모	USD 100M
존속 기간	**10년 (투자 기간 5년, 회수 기간 5년)**
관리 보수	출자 약정 금액의 2%
성과 보수	초과 수익의 20%
투자 대상	창업 초기 - 인공지능(AI), 빅데이터, IoT, 헬스케어, 자율주행
펀딩 방식	Multi-Closing[주1)]

주1) Multi-Closing : 한 번에 펀드 조성을 끝내는 방식이 아닌, 1차 클로징 후 출자금을 더 모아서 펀드 규모를 키워서 클로징하는 방식.

자료 : 저자

상적으로 미국자본이 들어와 있는 벤처투자조합은 만기가 10년인 경우가 많다. 국내 투자기관보다 투자를 좀 더 긴 호흡으로 바라본다는 이야기다. 국내 유니콘에 가장 많이 투자한 것으로 알려진 알토스 같은 경우는 만기 10년짜리 조합을 결성해서 투자에 임하고 있다.

그러다보니 국내 기관투자자들은 발행사가 상장까지 좀 더 기다려 달라는 요청을 해도 만기가 정해져 있으니 기다려 줄 수가 없다. 어쩔 수 없이 보유하고 있는 회사 지분을 세컨더리펀드나 사모펀드에 매각해서 투자금을 회수해야 한다.

미국 벤처캐피탈처럼 좀 더 장기적인 관점을 갖고 긴 호흡으로 투자를 할 수 없다는 점은 분명 아쉬운 대목이다.

투자 나침반을 제대로 읽어라! (5)

| '창투사 상장', 이것부터 따져봐야 한다 |

최근 티에스인베스트먼트, DSC인베스트먼트 등을 시작으로 국내 창투사들도 증시에 입성하기 시작했다. 통상적으로 기관투자자들은 사모 방식으로 자금을 모아서 투자한다. 그런데 이들이 상장, 그러니까 공모 절차를 거쳐 불특정 다수로부터 자금을 조달하는 방식을 사용한 것이다. 창투자들의 상장, 어떻게 봐야할까?

통상 창투사는 설립 이후에 투자조합을 결성하여 투자를 집행하게 되고, 투자조합에 운용사로서 일정 부분 출자를 해야 한다. 이를 운용사 출자금$^{GP\ Money}$이라고 한다. 정해진 비율은 없지만 통상적으로 펀드 규모의 1~10% 정도를 출자한다. 그리고 정책금융기관으로부터 운용사로 선정되기 위해서는 출자금의 비율을 더 높이는 것이 유리하다.

표 2-6 | DSC인베스트먼트의 공모 사례

증권의 종류	증권 수량	액면가액	모집(매출)가액	모집(매출)총액	모집(매출)방법
기명식보통주	4,368,932	500	1,700	7,427,184,400	일반공모

자금의 사용 목적	
구분	금액
투자조합 출자	7,230,000,000
발행 제비용	420,000,000

※ DSC인베스트먼트의 공모 개요다. 자금의 사용 목적을 보면 사실상 투자조합 출자에 공모자금 전액이 사용되는 것을 알 수 있다.

자료 : 금융감독원 공시사이트

하지만 창투사는 자본금 규모가 크지 않고, 투자조합의 만기가 대부분 7년이다. 때문에 조합을 청산하지 않으면 신규로 조합을 결성할 때 출자할 GP머니가 부족하게 된다. 이때 대주주가 자금력이 있는 회사라면 추가적인 증자를 통해서 GP머니를 확보할 수 있다. 하지만 개인이 대주주로 있는 창투사는 추가적인 증자를 할 여력이 없다.

창투사들의 상장은 이러한 사정과 바로 연결된다. 티에스인베스트먼트, DSC인베스트먼트 모두 개인이 대주주로 있는 창투사들이다.

또 한 가지 생각해볼 대목은 창투사 구성원들에 대한 동기부여 차원이다.

창투사의 심사역은 기본적인 연봉 이외에 투자수익에 따른 성과보수의 일정 부분을 인센티브로 가져간다. 그런데 성과보수를 받기 위해서는 조합이 청산돼야 한다. 일이 끝나야 돈을 받을 수 있는 것이다. 조합의 만기가 7년이기 때문에 이때까지 기다려야 한다. 혹여 수익이 기준수익률에 미달한다면 이마저도 받을 수 없게 된다.

창투사의 상장은 이런 상황과도 맞닿아 있다. 구성원들에게 우리사주 혹은 스톡옵션을 나누어 주고, 또 회사가 상장을 하게 되면 상장차익을 거둘 수 있게 되는, 이런 모든 것이 직원들에게 동기부여가 되기 때문이다.

그렇다면 이제 개인투자자 입장에서 생각해 보자. 창투사가 투자대상으로 얼마나 매력적일까? 이는 생각을 좀 해봐야할 문제다.

"창투사의 상장이 이어진다" "이들이 투자한 포트폴리오 중에 바이오 기업이나 4차 산업혁명 관련 기업이 많다" "정부에서 벤처기업 육성정책을 쏟아낸다" 이 모두가 창투사 입장에서는 '좋은 뉴스'다. 한때 이런 기대감 덕분에 창투사의 주가가 급속히 오른 적도 있었다.

먼저 확실히 해둘 것은 창투사들이 이런 포트폴리오 종목을 자회사로 보유하고 있는 것이 아니라는 점이다. 소수 지분만 보유하고 있는 경우가 대부분이고, 이 또한 언젠가는 팔아서 현금화할 것이다. 이때 발생한 수익은 재출자를 해서 또 조합을 만든다. 그러니까 투자 포트폴리오들이 상장을 하고 실적이 좋다고 해서 연결종속회사로 실적이 좋아지는 것은 아니라는 소리다.

그리고 수익이 나면 회사에 재투자를 하는 부분도 있지만 구성원들이 상당 부분 인센티브로 가져간다. 때문에 투자자들이 원하는 배당을 받기도 사실상 쉽지 않다.

개인투자자들이 창투사에 투자를 할 때는 이런 부분부터 따져봐야 한다.

투자 나침반을 제대로 읽어라! (6)

| '우량한 비상장사에 투자하라' 기업성장투자기구 제도 |

최근 금융위원회는 기업성장투자기구BDC, Business Development Company 제도를 도입한다고 발표했다. BDC는 ①비상장기업 및 코넥스 상장기업 ②코스닥 상장기업(시가총액 2천억원 이하) ③중소벤처 투자조합 지분(구주)에 전체 재산의 60% 이상을 투자해 수익을 내고 투자자에게 이익을 나눠주는 기업이다. 사실상 불특정 다수에게 자금을 조달받은 공모펀드가 상장한 형식이다.

운용은 일정 요건을 갖춘 증권사, 자산운용사, 벤처캐피탈이 하고, 최소 설립규모는 200억원, 운용사 의무출자비율은 5%인 10억원이다. 그리고 차입, 증자, 경영자문을 허용하여 자금지원의 효율성을 극대화한다는 전략이다.

과거 기업인수목적회사^{SPAC} 제도를 떠올리면 이해가 쉽다. SPAC는 비상장기업의 우회상장을 양성화하기 위해서 만든 제도로, 일종의 특수목적회사^{SPC}다. 발기주주를 모아서 회사를 만들고, 이를 상장시켜 개인투자자들의 자금을 모았다. 그 다음에 우량한 비상장회사 한 곳을 정해서 합병하는 형식으로 투자를 했다. 합병 후(비상장기업의 상장 후) 주가가 오르면 차익을 개인투자자들에게 수익으로 돌려주는 방식이다.

BDC 역시 동일한 구조라고 보면 된다. 일종의 SPC를 설립해 이를 상장시켜 개인투자자들의 자금을 모으고, 그 다음에 비상장기업 등에 투자해 수익을 낸 투자자에게 나눠주는 특수목적의 회사다.

그동안 개인들은 스타트업 등 우량한 비상장회사에 투자할 수 있는 방법이 없었는데 이제 BDC를 활용하면 된다. 불특정 다수로부터 자금을 조달 받아 만든 공모펀드를 바탕으로 초기 스타트업에 투자할 수 있게 되는 것이다.

SPAC와의 차이점은, SPAC는 비상장기업 한 곳을 지정해서 합병하는 프로젝트 투자방식인 반면에 BDC는 여러 개의 기업에 투자해서 수익을 내는 일종의 블라인드 투자방식이다.

다만 동일 기업에 BDC 재산의 20%까지 투자가 가능하고, 코스닥 상장기업 투자 및 중소벤처기업 관련 조합지분(구주) 매입은 BDC 재산의

30% 이내로 제한하고 있다. 비상장기업에 신주 투자가 많이 될 수 있도록 유도하고 있는 것이다.

> ### ✓ 체크 포인트
>
> ❶ 비상장사 투자는 상장사 투자보다는 위험부담이 크다. 하지만 훨씬 큰 수익을 안겨준다. 이 때문에 벤처투자기관들이 선호하는 투자방법이다.
>
> ❷ 비상장사 상환전환우선주는 상환권과 전환권이 옵션으로 제공되는 상품이다. 상환권과 전환권은 투자금 회수를 위한 일종의 안전장치인 셈이다.
>
> ❸ 비상장사 전환우선주는 상환권 없이 전환권만 있는 상품이다. 하지만 가격조정 조항이 있기 때문에 보통주와는 확연히 차이가 나는 상품이다.
>
> ❹ 비상장사 주식연계형 채권은 투자자들이 선호하는 상품이다. 전환사채, 신주인수권부사채, 교환사채로 나뉜다. 주식연계형 채권은 배당가능이익과 상관없이 조기상환청구권 시일이 도래하면 발행사로부터 투자금을 회수할 수 있다.

3장

'채권과 주식이 혼합된 하이브리드형 투자' 상장사 메자닌 투자

상장사 메자닌은 신기사 및 창투사, 증권사 등 기관투자자들이 가장 선호하는 상품이다. 한마디로 메자닌 투자라는 것은 채권과 주식이 혼합된 하이브리드형 투자다. 상장사 메자닌 중에서도 주식연계형 채권인 전환사채, 신주인수권부사채, 교환사채가 핵심 상품이다. 투자자라면 이런 상품들에 대한 개념의 뼈대부터 확실히 잡아야 한다.

상장사 주식연계형 채권은 일단 글자 그대로 채권이다. 채권이니까 만기가 있다. 통상적으로 3~5년 정도가 만기인데, 실질만기는 1년 6개월~2년에 불과하다.

여기서 중요한 것은 조기상환청구권이다. 금융감독원 전자공시시스템(dart.fss.or.kr)을 통해 공시내용을 보면 "조기상환 할 것을 청구할 수 있다"는 대목[1]이 나온다. 조기상환청구권을 가리키는 것이다. 상장사 주식연계형 채권은 투자자가 이런 권리를 가지기 때문에 투자자들은 만기까지 보유하지 않는다. 만기 상환 시 금리를 만기보장수익률^{YTM}이라고 하는데, 조기상환청구 시 받을 수 있는 조기상환금리^{YTP}가 만기보장수익률과 통상적으로 동일하기 때문이다. 조기상환청구를 한다고 해서 금리 측면에서 손해 보는 일은 없다는 것이다. 그러니까 조기상환청구를 하지 않을 이유가 없다.

보유 중에 주가가 오르면 1년 동안은 전환해서 팔 수 없지만, 1년이 지난 후에는 주식으로 전환해서 시장에서 팔 수 있다(사모발행에만 해당된다. 공모발행은 1년이 지나지 않아도 전환해서 시장에서 팔 수 있다).

기관투자자들은 보통 사모발행 형태로 상장사 주식연계형 채권을 인수한 뒤, 무조건 1년은 채권 형태로 보유한다. 그리고 1년이 지나서 주가 추이를 보고 조기상환청구권을 행사할지 주식으로 전환해서 팔지 판단한다. 1년 뒤 주가가 인수가보다 낮다면 기다렸다가 조기상환청구기간이 도래했을 때 조기상환청구를 하면 된다.

상환금리는 기업의 영업현황, 재무상태에 따라 다른데, 우량한 기업의 경우에는 대부분 상환금리(YTP, YTM)가 0%이다. 1년 뒤 주가가 인수가보다 통상적으로 30% 이상 올라 있다면, 주식으로 전환해서 시장에서 팔고 나오면 된다.

그리고 주식으로 전환할 때의 핵심은 이른바 가격조정 조항이다. 상장사 주식연계형 채권을 인수할 때 인수가가 1만원이라고 가정해 보자. 만약에 주식투자를 한다면 1만원보다 높은 가격이 형성되어야 매각차익이 발생한다. 하지만 상장사 메자닌은 가격조정 조항이 있어서 인수 후에 주가가 하락하면 전환가격도 같이 하락한다.

인수 3개월 후 주가가 30% 하락한 7,000원이라면 전환가격 역시 비례해서 하락한다. (최근 1개월, 1주일, 1일 거래량을 감안한 가중산술평균주가로 계산하기 때문에 7,000원보다는 높은 가격으로 조정된다.) 이 때문에 주가가 하락했다가 조정된 전환가격 이상이 되면 매각차익이 발생한다. 대부분의 상장사 메자닌은 이 가격조정 조항 덕분에 수익이 발생한다.

상장사 주식연계형 채권 역시 채권이니까 기업이 부도가 나면 원금회수가 어려운 것은 일반채권과 동일하다. 즉, 디폴트 리스크는 존재한다. 그러나 조금만 시간을 내서 상장기업 부도율이 연간 몇 퍼센트인지 찾아보라. 극히 낮다.

그렇다면 개인투자자들은 어떻게 해야 할까? 현실적으로 고액자산가가 아니라면 기관투자자들이 인수하는 상장사 주식연계형 채권에 직접 투자하기는 어렵다. 하지만 간접투자하는 방식은 얼마든지 열려 있다. 대표적인 것이 시중에 넘쳐나는 메자닌 펀드에 가입하는 것이다.

메자닌 펀드를 운영하는 주체는 기관투자자들이기 때문에 펀드에서 종목을 고를 때 상당한 노력을 들인다. 기업의 영업현황, 재무상태, 경영권 변동 등 다양한 투자 포인트와 리스크 포인트를 고려해서 투자하기 때문에 손실 리스크는 극히 제한적이다.

1. '상환권과 전환권을 다 가진 채권상품' 상장사 전환사채

1) '자본차익을 노릴 수 있는' 전환사채

전환사채는 상환권과 전환권이 있는 채권상품이다. 채권이기 때문에 발행사 입장에서는 부채가 되고, 전환사채 발행 시 부채비율이 올라간다. 투자자들이 추후에 주식으로 전환하게 되면, 기존 주주들의 지분이 희석되기 때문에 유상증자와 동일한 효과를 발휘한다.

그렇다면 발행사 입장에서는 부채비율도 올라가고 지분희석도 되는 안 좋은 상품인데, 왜 발행을 할까?

여러 가지 이유가 있겠지만 첫 번째는, 발행사의 신용등급이 일반 회사채Straight Bond를 발행할 만큼 좋지 않기 때문이다.

일반 회사채를 인수하는 채권투자자는 자본차익Capital Gain을 얻을 수 없기 때문에 나중에 원금 상환을 받을 수 있느냐가 가장 중요한 요소다. 전환사채를 발행하는 대부분의 회사가 대기업 혹은 대기업 계열이 아닌 중소·중견기업이기 때문에 일반 회사채를 발행하는 회사 대비 신용등급이 좋지 않다. 하지만 이는 채권투자자 입장에서 신용등급이 안 좋다는 것이지 자본차익을 노리는 투자자 입장에서 리스크가 반드시 크다는 의미는 아니다.

두 번째는, 투자자들이 선호하기 때문이다.

대표적인 주식연계형 채권인 전환사채가 없다면, 투자자들이 자본차익을 얻기 위해서는 시장에서 주식을 사거나 유상증자에 참여하는 방법밖에는 없다. 하지만 이 2가지 방법 모두 보통주로 투자하는 방법으로, 상환권 및 전환권이 보장된 전환사채보다는 투자자 입장에서 위험한 상품이다(상장사 유상증자에 참여 시 전환우선주나 상환전환우선주로 참여하는 방법도 있다).

물론 해당 기업에 대한 깊이 있는 분석을 바탕으로 확신을 갖고 보통주로 투자를 해서 주가가 오를 경우에 팔고 나오면 된다. 하지만 주가를 정확히 예측한다는 것은 신의 영역에 가깝다. 반면, 전환사채는 주가가 전환가격 대비 오르지 않으면 상환청구를 해서 투자자가 투자금 회수를 할 수 있다. 투자자들이 전환사채를 선호하는 이유다.

2) '투자자에게 유리하고 발행사에게 불리한' 발행조건

전환사채의 일반적인 발행조건은 [표 3-1]과 같다. 먼저, 표면금리 1% 는 통상적으로 3개월마다 수취하는 이자라고 보면 되고, 앞에서 설명한 것처럼 조기상환수익률과 만기수익률이 3%로 동일한 구조다. 현 시점의 시장금리보다 높다. 그리고 만기는 3년이지만, 1년 뒤에 조기상환청구를 할 수 있기 때문에 실질적으로 만기(실질만기라 한다)는 1년이라고 할 수 있다. 즉, 1년 안에 회사가 디폴트 상태에 빠지지 않으면 원금상환을 3% 금리로 받을 수 있다. 만약 전환권을 1년 후에 행사할 시점에서 주가가 전환가격보다 높으면 전환해서 시장에서 팔고 나올 수 있다.

표 3-1 | 전환사채의 발행조건표

발행 회사	○○○○ 주식회사
발행 형태	무기명식 이권부 무보증 사모 전환사채
투자금액	○○ 억원
표면금리	1%
조기상환금리(YTP) 만기상환금리(YTM)	3%
조기상환청구권(Put Option)	1년 이후 (매 3개월)
만기	3년
전환권	사모 발행으로 1년 후에 전환 가능
전환가격	증권의 발행 및 공시에 관한 규정에 따름
전환가격 조정	70%, 기타 자본금 변동에 따른 조정
콜옵션(Call Option)	30% (대주주 혹은 대주주가 지정한 자)

자료 : 저자

그렇다면 전환가격은 어떻게 결정되는 것일까? "증권의 발행 및 공시에 관한 규정"에 따름"이 정답이다. 이 규정이라는 것이 복잡한 것은 아니고, 통상적으로 증권 발행을 위한 이사회 결의일 등을 기준일로 해서 1개월 가중산술평균주가, 1주일 가중산술평균주가, 1일 가중산술평균주가를 감안해서 높은 가격으로 결정한다.(단, 공모 전환사채의 경우는 낮은 가격으로 결정)

여기서 가중산술평균주가라는 것은 거래량을 감안한 주가다. 거래량을 동반하지 않고 주가가 오르는 경우가 허다하기 때문에 좀 더 객관적인 주가를 산출하기 위한 방법이라고 생각하면 된다.

최근에는 전환가격을 규정에 의해서 산출한 가격 대비 할증해서 발행하는 경우가 늘고 있다. 전환사채의 경우 투자자에게 유리하고 발행사에게 다소 불리한 상품이기 때문에 유상증자와 달리 할인발행은 하지 않는다.

그렇다면 할증해서 발행하는 이유는 또 무엇일까? 그것은 발행사가 아주 우량한 재무구조와 영업 포트폴리오를 보유하고 있는 경우 원금 손실의 리스크가 거의 없고, 발행사에서 회사의 본질가치 대비 주가가 저평가 되어 있다고 판단하기 때문이다. 할증발행을 할 경우 투자자 입장에서 자본차익의 가능성이 떨어지지만, 반대급부로 우량한 발행사의 전환사채를 인수할 수 있기 때문에 할증 발행에도 참여하는 사례가 늘어나고 있다.

3) '수익 창출의 핵심 사항' 가격조정 조항

현장에서 전환사채 투자를 해보면 최초의 전환가격을 그대로 유지하면서 최초 전환가격 대비 주가가 올라서 자본차익을 얻는 경우는 많지 않다.

통상적으로 전환사채 발행 공시가 나면 기존 주주들의 지분 희석 우려가 있기 때문에 주가는 상당기간 하락하는 추세를 보이게 된다. 그럴 경우 투자자에게 유리한 조건이 바로 전환가격 조정이다. 이는 전환사채 발행 후 주가가 하락할 경우 최초 전환가격을 하락한 주가에 맞춰서 조정하는 것이다.

흔히 리픽싱Refixing이라고 하는데, 투자자는 이 조항을 통해서 발행 직후 주가하락에 대한 리스크를 대비하는 것이다. 따라서 이 조항이 없다면, 투자자들이 사실상 전환사채 투자를 통해서 자본차익을 얻기가 쉽지는 않을 것이다. 그러니까 투자자 입장에서는 아주 중요한 조항이다. 통상적으로 최초 전환가격의 70%까지 전환가격이 조정[3]되고, 간혹 액면가까지 전환가격 조정 조항[1]을 넣는 경우가 있다.

가격조정 조항은 투자자에게도 유리하지만, 콜옵션을 취득하는 대주주에게도 유리하다. 대주주가 전환사채 중 일부에 대해 콜옵션을 행사해서 취득하게 되면, 대주주의 지분이 희석되는 것을 방지할 수 있다. 또 가격조정을 통해 지분방어 혹은 자본차익을 기대할 수도 있다.

가격조정 조항은 전환사채에 투자하는 투자자에게는 아주 유리한 조건이지만, 기존의 투자자가 보유한 주식의 가치가 많이 희석되기 때문에 기존 투자자에게는 매우 불리한 조건이다. 대주주가 콜옵션을 취득하지 못하는 경우라면 대주주에게도 역시 아주 불리한 조건이 된다.

따라서 이런 조항을 놓고 분쟁이 자주 발생한다. 심지어 법정 소송으로까지 가는 경우도 있다. 이는 가격조정 조항이 이해당사자간 서로 양보하기 힘든 첨예한 문제라는 것을 방증하는 셈이다.

투자 나침반을 제대로 읽어라! (7)

| 소송전까지 불사하는 '가격조정 조항' 관련 분쟁 |

가격조정 조항은 투자자 입장에서는 매우 중요하다. 메자닌 투자의 수익 창출에 가장 핵심적인 조항이기 때문이다. 그래서 투자자는 이 조항을 계약서에 반드시 삽입하기를 원하고, 발행사와 대주주는 가급적 빼고 싶어한다.

결국 상호 합의에 의해서 계약서에 이런 조항을 넣어도 실행하는 단계에서 분쟁이 일기도 한다. 투자자가 투자 당시 발행사에게 이런 조항에 대해서 충분히 설명했음에도 불구하고 발행사가 나중에 딴소리를 해서 법정 소송으로 가는 경우도 있다. 또 대주주가 리픽싱을 거부해서 결국 대법원에서 최종 판단이 가려진 예도 있다.

가격조정 조항 관련 분쟁은 메자닌 투자자와 발행사(대주주) 간의 문제에 그치는 게 아니다. 기존 주주들 역시 민감하기는 마찬가지다. 특히 액면가 리픽싱 조항은 기존 주주 및 대주주 지분 희석이 과다한 조항으로, 소액주주들과 마찰을 빚기도 한다.

대표적인 예가 코스닥 상장사 필링크의 경우다. 필링크는 전환사채 발행 당시 리픽싱 한도를 발행가액의 70%로 설정해 놓았다. 하지만 이후 정정공시를 통해 전환가액 조정 기간을 종전 3개월에서 1개월로 변경하고, 리픽싱 한도 70% 조항도 삭제했다. 즉, 액면가까지 리픽싱이 가능하도록 변경한 것이다.

필링크가 정정공시를 내자 주가는 하락했고, 소액주주들은 즉각 반발했다. 당시 전환사채를 대주주가 대부분 보유하고 있었고, 이는 대주주의 입장만을 최우선으로 한 결정이었기 때문이다.

이후 금융감독원에서 이를 인지하고 시정명령을 내렸고, 필링크는 전환사채의 발행조건을 원래 조건대로 다시 수정했다.

4) '대주주를 위한' 콜옵션

전환사채 발행조건에 흔히 등장하는 것이 콜옵션이다. 이는 대주주 혹은 대주주가 지정한 사람에게 전환사채 발행금액의 일부를 가져갈 수 있도록 매도청구권을 주는 것이다.

다시 말해, 대주주 혹은 대주주가 지정한 자는 전환사채를 일부 (통상적으로 30~50%) 가져가서 보유할 수 있는 것이다. 이후 주가가 오르면 주식으로 전환할 수도 있다. 이는 회사의 부채비율을 낮추는 동시에 대주주의 지분율을 늘리는 방편으로 활용된다. 또 일부 매각해서 현금화하기도 한다.

대주주가 콜옵션을 행사할 자금이 충분치 않을 때는 회사가 매입하여 소각을 통해 차입금을 줄이고, 잠재적인 주식 물량부담을 줄인다.

한편 콜옵션과 관련된 이슈도 끊이지 않는 부분이다. 과거 신주인수

그림 3-1 | 전환사채 발행조건 : 콜옵션

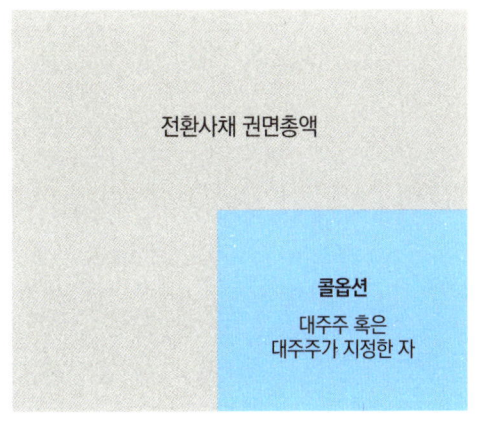

자료 : 저자

권부사채를 분리형으로 발행하는 것이 허용되던 시절에 나왔던 것과 동일한 이슈다. 여기에 대해서는 상장사 신주인수권부사채를 다루면서 문제점을 다시 짚어볼 것이다.

5) '껑충 뛰는 금리가 매력' 영구 전환사채

일반적인 전환사채는 만기가 존재한다. 하지만 최근에는 투자자와 발행사간의 투자조건을 조율하는 과정에서 영구 전환사채라는 상품이 등장했다.

투자자는 상환의 안정성이 보장된 채권으로 투자를 하고 싶어한다. 발행사는 채권으로 투자를 받을 경우 부채비율이 상승하고 향후 수년 내에 상환부담이 발생한다. 때문에 상환부담도 줄이고 채권이 아닌 자본으

표 3-2 | 영구 전환사채의 발행조건표

발행 회사	○○○○ 주식회사
발행 형태	무기명식 이권부 무보증 사모 전환사채
투자금액	○○ 억원
표면금리	0%
조기상환청구권	투자자가 아닌 발행사가 보유
만기	30년 (발행사 요청으로 연장 가능)
전환권	사모발행으로 1년 후에 전환 가능
전환가격	증권의 발행 및 공시에 관한 규정에 따름
전환가격 조정	시가 하락에 따른 전환가 조정 없음
콜옵션	30% (대주주 혹은 대주주가 지정한 자)
특약조항	5년 내 상환 시 상환금리 1% 5년 이후부터 상환금리 9%로 상승 이후 매년 상환금리 1%씩 상승

자료 : 저자

로 인정받을 수 있는 전환우선주나 보통주로 투자를 받고 싶어한다. 이런 협상과정에서 영구 전환사채라는 상품이 등장했다고 보면 된다.

영구 전환사채라는 것은 만기가 없거나 초장기(대개 30년)이고, 가격조정 조항도 없다. 이 때문에 발행사 입장에서 수년 내 상환부담이 없고, 자본으로 인정받을 수 있다.

그렇다면 투자자 입장에서는 상환도 받지 못하고 가격조정 조항도 없는 상품에 왜 투자할까? [표 3-2]에 포함된 특약조항[5]에 답이 나와 있다. 바로 스텝업Step-up 방식의 금리 인상이다. 회사 입장에서는 언젠가는 상환을 해야 한다. 회사가 일정기간이 지난 뒤까지도 상환을 하지 않을 경우 이때부터 금리가 변한다. 다시 말해 영구 전환사채 발행조건에서 특약조항으로 정한 기한을 넘긴 경우는 상환금리가 껑충 뛰어 매년 올라가는 방식이다.

그렇기 때문에 고금리 부담을 져야 하는 발행사 입장에서는 무한정 끌고 갈수는 없다. 이 대목에서 투자자와 발행사간 조율이 이뤄지는 것이다.

투자 나침반을 제대로 읽어라! (8)

| 주의! 한국에 상장한 중국기업의 전환사채 |

중국 증시는 크게 3개의 큰 축으로 이뤄져 있다. 주로 국영기업이 상장되어 있는 상해증시와 민간기업 위주로 상장되는 심천증시(메인보드, 중소판, 창업판), 그리고 우리의 코넥스와 유사한 북경의 신삼판이라고 불리는 증시 등이 그것이다. (최근 상해에 기술주 위주의 과학혁신판 커촹반^{科創板}이 새로 오픈했다.)

중국의 상장요건은 무척 까다로운 편이다. 반드시 이익이 발생해야 하며, 외국기업에게는 배타적인 조항도 존재한다.

상황이 이렇다보니 중국에 존재하는 수많은 기업들은 증시 문턱 근처에도 가기 힘든 실정이다. 주로 중국 내 대형기업들이 상장을 위해서 오랫동안 대기하고 있는 경우가 다반사다. 우리와 같이 코스닥을 통해서 상장하는 중소·중견기업들은 극히 드문 실정이다.

이런 점 때문에 과거 중국의 성급^{省級} 중소기업들이 한국증시에 상장하기 위해서 문을 두드린 적도 있다. 실제로 다수의 중국 성급 기업들이 한국증시에 상장하여 거래가 되고 있기도 하다. 하지만 필자가 아는 한 중국에서 전국적인 인지도를 가지고 있는 큰 기업이 한국증시에 상장되어 거래되고 있는 경우는 없다.

중국고섬 사태에서 볼 수 있듯이 중국 성급 기업의 회계 투명성은 매우 낮다. 실제로 매출액과 순이익이 많이 난다고 하더라도 증치세(부가가치세) 영수증을 위조하는 수법 등으로 매출액과 순이익을 부풀리는 경우가 많다. 국내 회계법인이 이들 중국 성급 기업의 재무제표를 실사한다고 해도 증치세 영수증의 위조여부까지는 밝혀 낼 수 없다. 때문에 회계실사 리포트의 신뢰성도 떨어진다고 볼 수밖에 없다.

필자가 중국에서 근무할 때도 복건성에 소재한 기업들 위주로 한국증시에 상장했다. 당시 복건성 기업들이 상장하는 것을 두고 중국 내 한국 투자자들 사이에 우려의 목소리가 있기도 했다.

바로 이런 점 때문에 우리 코스닥에 상장되어 있는 중국기업의 메자닌을 인수할 때는 각별한 주의를 요한다.

투자자 입장에서 메자닌을 인수하는 가장 큰 이점은 주가가 인수단가 대비 낮을 때 리픽싱을 통해서 인수단가를 낮추거나, 조기상환청구를 통해서 원금 및 이자를 회수할 수 있다는 것이다.

그런데 중국기업의 경우 조기상환청구 이벤트가 발생할 시 원금을 상환 받을 수 있다는 보장이 없다. 재무제표 상의 현금성 자산이 많은 것으로 나와 있지만 재무제표의 신뢰성이 떨어진다. 설사 현금성 자산이 있다고 하더라도 중국 경내에 있어 이 자금이 우리나라로 넘어오는 데 각종 제약이 존재한다. 차이나하오란의 전환사채 발행이 단적인 예다. 차

차이나하오란은 2015년 8월 운영자금 조달을 위해 우리 기관투자자들을 대상으로 300억원의 전환사채를 발행하였다.

하지만 발행 당시 재무제표의 현금 및 현금성자산 내역을 보면 약 3억 위안(우리돈 약 500억원)의 현금을 보유하고 있어 당장 급하게 조달이 필요한 상황은 아니었다. 하지만 중국 소재 자회사에 대여를 하기 위해서 전환사채 발행[6]을 하였고, 우리 기관투자자들이 앞다투어 인수하였다. 발행조건을 보면 표면금리 1.0%, 만기수익률 4.5%로 우리 기업들이 발행하는 전환사채 발행조건보다 유리한 조건이었다.

전환사채 발행 후 주가는 내리막을 걷기 시작했다. 2년 뒤 전환사채의 조기상환청구기일이 도래하자 기관투자자들은 조기상환을 청구했다. 재무제표 상에 무려 5억위안(우리돈 약 800억원)의 현금을 보유하고 있는 회사가 이번에는 전환사채 상환을 위해 주주배정 유상증자를 공시했다. 당연히 주가는 추락을 거듭했다.

이후 차이나하오란은 상환을 위해서 중국에서 외환을 송금하고 자회사 배당을 통해 전환사채를 상환하겠다고 다시 공시했다. 하지만 석연치 않은 이유로 송금이 지연되면서[7] 전환사채를 인수한 기관투자자들은 큰 혼란에 빠졌다.

다행인지 불행인지 모르겠으나 주주배정 유상증자는 성공을 거두어 약 230억원의 자금을 확보했다. 하지만 결과적으로 유상증자에 참여한 기존 주주들과 실권주를 인수한 소액주주들은 큰 피해를 보았을 것이 자명하다. 대부분의 자금은 전환사채를 상환하는 데 사용되었을 것이고, 기관투자자들은 원리금을 모두 회수하지 못한 것으로 추정된다.

2. '워런트가 관건' 상장사 신주인수권부사채

1) 분리형과 비분리형의 확연한 차이

　신주인수권부사채는 상환권과 전환권이 있는 채권상품이라는 측면에서 전환사채와 큰 차이가 없다.

　하지만 과거에 분리형 신주인수권부사채가 허용되었을 때는 투자자 입장에서 굉장히 매력적인 상품이었다(신주인수권부사채는 채권과 워런트 신주인수권를 나눌 수 있는 분리형과 나눌 수 없는 비분리형이 있다). 채권을 조기 상환 받아도 워런트가 남아서 차익실현의 기회가 있었기 때문이다.

　현재는 상장사의 경우 분리형이 허용되지 않기 때문에, 전환사채와 동일하게 조기상환을 받으면 자본차익의 기회가 사라진다.

　그렇다면 왜 분리형을 금지했을까? 대주주의 지분 증식 수단으로 이용되었기 때문이다. 과거 분리형 신주인수권부사채가 허용되었을 때, 통상적으로 투자자는 발행사의 신주인수권부사채를 인수한 후 워런트를 분리해 대주주 또는 대주주가 지정한 자에게 콜옵션을 부여해서 매각했다. 통상적으로 매각 프리미엄은 2~4% 수준이었다. 예를 들어, 50억원의 신주인수권부사채를 발행해서 권면금액의 50%에 해당하는 워런트를 4%에 매각하면, 1억원으로 25억 상당의 워런트를 확보하는 것이 가능했다.

　대주주는 이를 보유하고 있다가 주가가 발행가격 대비 상승하면 워런트 자체를 매각하거나 행사하여 자본차익을 남기거나 지분율을 늘렸다. 금융당국은 이런 점을 문제 삼아 2013년 8월을 기준으로 상장사의 분리형 신주인수권부사채 발행을 금지시켰다.

하지만 앞에서 언급한 대로 상장사 주식연계형 채권은 신용등급이 대기업에 비해 상대적으로 낮은 중소·중견기업의 주된 자금조달 수단으로 아주 중요하다. 때문에 다시 분리형 신주인수권부사채의 발행이 허용되어야 한다는 의견이 많았다. 이를 반영하여 금융당국은 2015년에 공모에 한해 발행을 허용하게 된다(사모발행의 경우에는 여전히 분리형 발행을 금지하고 있다). 그 결과 분리형 금지 이후 상장사의 신주인수권부사채 발행액수가 감소했다가 2015년 이후 점차적으로 분리형 신주인수권부사채 발행액이 늘어나는 추세다.

결론적으로 현재는 비상장사는 분리형 신주인수권부사채 발행이 허용되고, 상장사의 경우 공모하는 경우에만 분리형의 발행이 허용된다고 보면 되겠다.

 투자 나침반을 제대로 읽어라! (9)

| **대주주 지분 늘리는 수단으로 활용되는 '콜옵션'** |

앞서 전환사채 및 신주인수권부사채를 발행하면서 대주주 및 대주주가 지정한 자에게 콜옵션을 부여하는 경우가 일반적이라고 설명했다. 가장 큰 이유는 대주주가 지분을 늘리기 위해서다.

주가를 방어하거나 지분을 늘리는 가장 좋은 방법은 시장에서 자사주를 취득하는 것이다. 하지만 자사주를 취득하기 위해서는 배당가능이익이 있어야 하고, 대주주가 지분을 늘리기 위해서는 현금이 많아야 한다. 배당가능이익이 없거나 대주주가 손에 쥔 게 별로 없으면 지분을 늘릴 수 없다.

하지만 콜옵션을 활용하면 이런 문제들을 해결할 수 있다. 말 그대로 옵션이기 때문에 메자닌 발행 당시 대주주가 현금이 없어도 우선 권리를 취득할 수 있다. 옵션 권리를 취득한 후에 주가가 오르면 옵션 권리의 가치도 오른다. 때문에 현금이 없어도 옵션권을 비싸게 팔아 현금을 확보하고 그 돈으로 시장에서 지분을 취득하거나 자본차익을 거둘 수 있는 것이다.

이를 콜옵션부 전환사채라고 하는데, 이에 대해서도 최근에 비판의 목소리가 나오고 있다. 비판의 근거는 결국 기존 주주들의 지분 희석에 따른 손실 우려다. 콜옵션을 활용해서 지분을 늘리고자 하는 대주주가 회사에 당장 자금이 필요하지 않는데도 전환사채를 발행해서 기존 주주들의 지분을 희석시키고 있다는 이야기다.

하지만 신용등급이 낮은 중소·중견 상장사들이 시장에서 자금을 조달할 수 있는 방법이 상당히 제한적이고, 자금조달에 따른 지분 희석을 대주주 또한 방지해야 하기 때문에 일부 불가피한 측면도 분명히 존재한다.

대주주 입장에서 콜옵션의 효과는 주가가 급등할 경우 극대화된다. 최근 그 효과를 가장 극명하게 보여준 사례가 상장사 케이엠더블유다.

케이엠더블유는 무선통신 기지국에 장착되는 각종 장비 및 부품류 등을 생산, 판매하는 RF사업을 영위하는 회사다. 2018년 5월에 기관투자자들을 대상으로 250억원 규모의 전환사채를 발행했다. 다수의 기관투자자들이 이를 나누어서 인수했다. 대주주 혹은 대주주가 지정한 자가 가져갈 수 있는 콜옵션 물량은 전체 물량의 35%에 달했다.

그림 3-2 | 케이엠더블유의 주가 추이

자료 : 네이버증권

케이엠더블유는 전환사채 발행 당시 큰 규모의 적자를 시현하고 있었고, 발행가는 2만 5,000원 수준에서 결정되었다. 하지만 5G 시장의 개화와 함께 케이엠더블유의 턴어라운드 가능성을 높게 판단한 다수의 기관투자자들이 전환사채를 인수했다. 이후 주가는 큰 폭의 상승을 거듭하여 시가총액 1조원을 돌파, 코스닥 시가총액 순위 상위에 포진하게 되었다.

이후 대주주는 당연히 콜옵션을 행사해 발행 당시 권면총액의 35%에 달하는 87억 5,000만원에 대해 전환사채 물량을 인수한다. 이로써 수백억원의 평가차익을 보면서 지분희석 방어 효과를 거두었다.

2) '전환사채와 같은 듯 다른' 신주인수권부사채

　　신주인수권부사채(분리형)의 일반적인 발행조건은 [표 3-3]과 같다. 표면금리, 조기상환수익률, 만기수익률 등 금리 관련 사항은 전환사채와 동일하다. 또 상환청구 및 전환청구 요건도 전환사채와 동일하다고 이해하면 된다.

　　전환사채와 다른 점은 앞에서 설명했듯이 분리형을 발행할 경우 워런트 관련사항이 추가가 된다는 것이다.

　　상장사의 경우 정관상에 보통 전환사채와 신주인수권부사채 발행 한도를 명기하는데, 전환사채 발행한도를 초과한 상장사의 경우 신주인수권부사채(비분리형)를 발행하면 추가적인 자금조달을 할 수 있다.

표 3-3 | 신주인수권부사채의 발행조건표(분리형)

발행 회사	○○○○ 주식회사
발행 형태	무기명식 이권부 무보증 사모 전환사채
투자금액	○○ 억원
표면금리	1%
조기상환금리(YTP) 만기상환금리(YTM)	4%
조기상환청구권(Put Option)	1년 이후 (매 3개월)
만기	3년
전환권	사모발행으로 1년 후에 전환 가능
전환가격	증권의 발행 및 공시에 관한 규정에 따름
전환가격 조정	70%, 기타 자본금 변동에 따른 조정
워런트 관련 사항	권면금액 50%에 해당하는 워런트 매각 프리미엄 4% 매각 대상: 대주주 또는 대주주가 지정하는 제3자

자료 : 저자

3. '타사 주식까지 교환 가능' 상장사 교환사채

1) 시가보다 높아도 살만한 가치가 있다

교환사채는 회사가 보유 중인 자기주식 혹은 다른 회사 주식에 대해서 교환권이 있는 채권상품이다.

전환사채와 신주인수권부사채는 발행사의 보통주로만 전환할 수 있는 권리를 보유하고 있다. 이에 반해 교환사채는 발행사의 보통주로 교환할 수 있는 권리(자기주식을 기초자산으로 발행하는 경우) 혹은 발행사가 보유하고 있는 타사 주식의 보통주로 교환할 수 있는 권리를 가질 수 있다.

채권이기 때문에 발행사 입장에서는 부채가 되고, 교환사채 발행 시 부채비율이 올라간다. 하지만 투자자들이 추후에 주식으로 전환하게 되면 회사가 보유 중인 자기주식 혹은 타사 주식을 받기 때문에 기존 주주들의 지분이 희석되지 않는 장점이 있다. 때문에 교환사채의 발행가격은 통상적으로 시가보다 높은 수준에서 결정된다.

2) 언제든 전환이 가능하다는 장점

교환사채의 일반적인 발행조건은 [표 3-4]와 같다. 교환사채의 발행조건을 보면 전환사채 및 신주인수권부사채와는 몇 가지 점에서 차이를 보인다.

첫 번째는, 전환권을 행사할 수 있는 기간이다.

통상적으로 사모로 발행하는 전환사채와 신주인수권부사채는 전환기간이 발행 후 1년 이후다. 즉 채권으로 소유하고 있다가 1년이 지난 시점

표 3-4 | 교환사채의 발행조건표(기초자산은 자기주식)

발행 회사	○○○○ 주식회사
발행 형태	무기명식 이권부 무보증 사모 교환사채
투자금액	○○ 억원
표면금리	1%
조기상환금리(YTP) 만기상환금리(YTM)	4%
조기상환청구권(Put Option)	1년 이후 (매 3개월)
만기	3년
전환권	사모발행으로 1개월 후에 전환 가능
전환가격	증권의 발행 및 공시에 관한 규정에 의해 산정된 가격 대비 10% 할증
전환가격 조정	90%, 기타 자본금 변동에 따른 조정

자료 : 저자

에야 주식으로 전환해서 팔 수 있다. 하지만 교환사채는 규정상 교환할 수 있는 기간에 제한이 없다. 따라서 업계에서는 통상적으로 발행사와 인수자가 합의를 통해서 교환기간을 설정하게 되는데, 실무적으로 1개월에서 3개월 정도 기간을 두는 것이 보통이다. 이렇게 함으로써 교환사채 인수 후 단기간에 주가가 상승할 경우 이를 보통주로 교환해서 매각하는 것이 가능하다. 전환사채 및 신주인수권부사채 대비 전환기간이 단기간이기 때문에 투자자들이 선호할 수밖에 없다.

두 번째는, 발행가격이다.

앞에서 언급한 바와 같이 교환사채는 보통주로 교환해도 총 발행주식 수가 증가하지 않기 때문에 희석효과가 없다. 따라서 교환사채에 투자하는 투자자는 투자단가가 시가(증권의 발행 및 공시에 관한 규정에 의해서 산정된 시가) 대비 할증이 되어도 이를 받아들인다. 투자자 입장에서 전환가격의 조정이 중요하다고 언급했는데, 교환사채의 경우에는 조정 한도가 통상적으로 최초 발행가의 80~90% 수준으로 높게 책정된다.

할증발행이나 전환가격 조정에 있어서 투자자에게 불리함이 있어도 전환기간을 단기간으로 가져가는 데 대한 이점이 더 크기 때문에 투자자가 이를 수용하는 것이다.

교환사채는 과거에는 상장사에만 발행이 허가되었지만, 상법 개정으로 비상장사도 발행이 가능하다. 자기주식 이외에도 회사가 보유한 타사 상장주식 및 비상장주식을 기초자산으로 발행하는 것도 가능하다.

만약 회사가 보유한 우량한 비상장주식이 있어서 이를 기초자산으로 발행한다면, 향후 일정 시점이 지난 후에 교환권을 행사해서 비상장회사의 보통주를 취득하고 이후 상장을 통해 더 큰 수익을 노려볼 수도 있다.

4. '투자자와 발행사 간 팽팽한 줄다리기' 상장사 우선주

1) 바이오기업들이 우선주를 반기는 이유

앞서 투자자들이 가장 선호하는 상장사 투자방법은 주식연계형 채권(전환사채, 신주인수권부사채, 교환사채)이라고 설명했다. 하지만 최근에 바이오 및 헬스케어 업종 중심으로 또 다른 메자닌 상품인 상환전환우선주 및 전환우선주에 대한 발행 수요가 증가하고 있다.

여기에는 나름의 이유가 있다. 바이오 및 헬스케어 업종에 속하는 회사들은 기본적으로 차입금 의존도가 굉장히 낮다. 유형자산을 담보로 요구하는 은행 여신의 특성상 바이오 및 헬스케어 업종에 속하는 회사들은 생산을 위한 설비를 아직 갖추지 못한 경우가 많고, R&D형 기업들이 대다수이기 때문이다. 또한 부채비율이 올라갈 경우 각종 국책과제 선정에 불리하게 작용할 경우가 많아서 가능하면 차입금을 늘리지 않는다.

상황이 이렇다보니 상장사인 바이오 및 헬스케어 회사들은 자금조달을 상환전환우선주나 전환우선주로 하게 된다. 상환전환우선주의 경우 상환권을 투자자가 아닌 회사가 보유하거나, 전환우선주의 경우 실적 리픽싱이나 공모가 리픽싱이 없으면 자본으로 분류가 되기 때문이다.

상환전환우선주를 발행하면서 상환권을 발행사가 보유하거나, 아예 상환권이 없는 전환우선주를 발행하면서 가격조정 조항을 달지 않으면 발행사에게 큰 이점이 있다. 바이오 및 헬스케어 회사들로서는 자본으로 분류가 되면서 자기자본이 늘어나고, 향후 수년 동안 자금 걱정 없이 연구개발에 매진할 수 있는 환경을 조성할 수 있다.

2) 주목해야할 우선주 투자조건

상환전환우선주는 배당가능이익 범위 내이기는 하나 투자자가 상환권이 있기 때문에 발행사는 전환우선주를 더 선호한다. 여기서는 발행사가 일반적으로 더 선호하는 전환우선주 투자조건을 살펴보자.

전환우선주는 채권이 아닌 주식이기 때문에 투자자에게 의결권이 있다. 투자자들은 주총에 참석해서 의견을 개진하고, 사외이사를 파견하는 경우도 흔히 발생한다.

전환우선주로 발행했기 때문에 상환권은 당연히 없다. 투자자 입장에서는 주가가 올라가지 못하면 빠져나올 수 있는 방법이 없다. 배당은 회사가 돈을 벌어서 배당가능이익이 있다면 주겠지만, 바이오기업의 경우 매년 R&D 비용을 과다하게 지출하기 때문에 기대하지 않는 것이 좋다.

보통주로 전환하는 것은 주식연계형 채권과 동일하게 1년 이후부터 가능하다. 대신 상환전환우선주나 주식연계형 채권 같은 다른 메자닌 대비 투자조건이 투자자에게 현저히 불리하기 때문에 기준주가 대비 10% 할인발행하는 경우가 대부분이다.

전환우선주라고 하더라도 가격조정 조항이 붙으면 부채로 분류가 되기 때문에 가격조정 조항도 없는 경우가 많고, 또 이렇게 해서 자본 확충을 한다.

표 3-5 | 전환우선주의 발행조건표

발행 회사	○○○○ 주식회사
발행 형태	의결권부 전환우선주
투자금액	○○ 억원
배당	0%
조기상환청구권(Put Option)	투자자의 조기상환 청구권 없음
만기	5년. 이후 보통주로 자동 전환
전환권	사모발행으로 1년 후에 전환 가능
전환가격	증권의 발행 및 공시에 관한 규정에 의해 산정된 가격 대비 10% 할인
전환가격 조정	시가하락에 따른 리픽싱 없음 금차 발행가격으로 낮은 가격으로 유상증자 시 조정

자료 : 저자

물론 그렇지 않은 경우도 있다. 바이오 R&D 기업의 경우 전환우선주 발행 시 간혹 시가 리픽싱 조건을 달기도 한다.[10] 아마도 이런 경우는 발행 당시 바이오기업들의 주가가 대부분 본질가치 대비 높다고 판단한 투자자들이 조건 삽입을 따로 요구했을 때다.

발행사 입장에서도 시가 리픽싱 조건을 추가할 경우 부채로 분류되는 부담은 있지만, 전환사채나 상환전환우선주에 비해 상환부담이 없기 때문에 서로가 협상을 통해서 의견일치를 본 것으로 보인다.

투자 나침반을 제대로 읽어라! (10)

| 주가지수 상승 도리어 가로막는 '코스닥 벤처펀드' |

정부는 2018년 4월 코스닥 벤처펀드를 조성해서 코스닥시장 활성화에 나선 바 있다. 코스닥 벤처펀드를 정부 주도로 조성한 이유는 국내 기관투자자들이 유가증권시장에 비해 코스닥시장에 투자하는 비중이 낮기 때문이다.

또 미국 나스닥 등 선진국 시장에 비해 국내 코스닥시장이 저평가 되어 있다고 판단해 이 펀드가 코스닥시장에서 적극적인 투자를 하게 되면 지수 상승을 이끌 수 있지 않을까라고 생각했던 것 같다.

하지만 코스닥 벤처펀드는 기대했던 것과는 달리 엉뚱한 방향으로 흐르고 말았다. 편입할 수 있는 대상을 코스닥에 상장되어 있는 보통주로 한정하지 않고 코스닥 상장사 메자닌에까지 투자할 수 있게 한 것이 결정타였다.

기관투자자의 의견을 반영해 내린 결정이 오히려 심각한 부작용으로 이어진 것이다. 투자자 입장에서 보통주를 사는 것보다 메자닌에 투자하는 것이 안전하다. 그러니 코스닥 벤처펀드들 역시 주로 투자하는 상품이 보통주가 아닌 메자닌이 되어 버린 것이다.

메자닌을 인수하려는 경쟁은 갈수록 치열해진 반면 코스닥지수는 오르지 않는 현상이 발생한 것이다. 그러다보니 발행사는 재무구조가 우량하지 않음에도 불구하고 낮은 금리로 자금을 조달할 수 있는 상황이 된 것이다. 심지어 50%, 100% 콜옵션이 있는 전환사채도 다수 발행해 지분을 늘리는 것에만 골몰하는 현상까지 나타났다.

상장사 메자닌은 투자자가 인수하더라도 1년 이후에나 보통주로 전환해 팔 수 있기 때문에 당장 주가가 오르지 않는다. 오히려 주가가 오르고 있을 때 투자자들이 전환청구를 하기 때문에 주가 상승에 찬물을 끼얹는

그림 3-3 | 전환사채·신주인수권부사채·교환사채 발행액 추이   (단위 : 10억원)

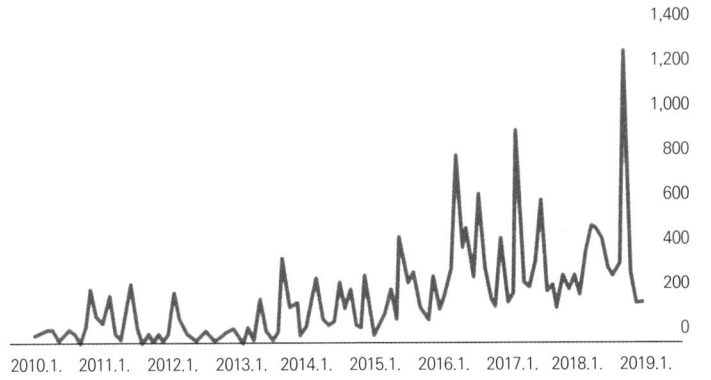

자료 : 인베스트조선

경우가 비일비재 하다. 이른바 오버행Overhang 이슈가 발생하는 것이다.

코스닥 벤처펀드를 출범시키면서 상장사 메자닌을 인수할 수 있게 한 부분은 내내 아쉬움으로 남는다. 좀 더 신중하게 의사결정을 했더라면 방지할 수도 있었던 부작용이 아닐까하는, 그런 생각 말이다.

투자 나침반을 제대로 읽어라! (11)

| '바이오 기업의 메자닌 발행' 돌아보기 |

최근 신라젠, 헬릭스미스 등 자체적으로 임상 3상을 진행하고 있는 바이오기업의 경우 임상 일정이 지연되거나 아예 임상을 포기하는 경우가 속출하고 있다. 임상 결과가 목표치에 미달하거나 중단 권고 등이 나오면서 발생한 사태다.

문제는 이들 바이오기업들이 대부분 임상을 위한 자금을 전환사채 등 메자닌을 통해서 조달했다는 점이다.

신라젠은 20차까지 전환사채를 발행했으며, 이를 통해서 조달한 자금은 2,000억원을 상회한다. 코스닥 시가총액 상위 기업인 헬릭스미스(구 바이로메드) 또한 최근 1,000억원이 넘는 자금을 전환사채로 조달했다. 에이치엘비는 25차까지 전환사채를 발행했고, 조달한 자금은 계열사 에이치엘비생명과학을 포함해서 2,500억원이 넘는다.

일반적으로 바이오 R&D 기업은 전환사채 발행을 꺼린다. 일단 부채비율이 상승하면 각종 국책사업 선정 등에 불리한 경우가 많기 때문이다. 또 무엇보다 전환사채를 발행하면 조기상환청구권이 도래할 경우에

그림 3-4 | 신라젠의 주가 추이

자료 : 네이버 증권

그림 3-5 | 헬릭스미스의 주가 추이

자료 : 네이버 증권

발행사가 상환부담을 진다는 점이 크게 작용한다.

바이오 R&D의 속성상 결과가 나오려면 장기간이 소요된다. 반면 조기상환청구권이 1~2년 내에 도래하게 되면 주가가 상승하지 않았을 경우 발행사는 따로 상환방법에 대해 고심해야 한다. 전환사채로 마련한 자금은 대부분 임상자금으로 투입된 터라 다시 차환발행을 하지 않으면 자금 조달이 사실상 불가능하다.

그렇다면 임상 3상까지 도달했던 이런 기업들이 왜 전환사채를 통해서 자금을 조달했을까?

추측하건대 국내 바이오 R&D 기업이 자체 자금조달을 통해서 임상 3상까지 진행했다는 것은 1~2상에서 글로벌 제약사를 통한 라이선스 아웃기술 수출이 되지 않았다는 의미다. 이는 글로벌 제약사가 관심이 없었거나 혹은 관심이 있더라도 조건 협상과정에서 서로 합의가 되지 않아 최종적으로 라이선스 아웃이 불발이 되었을 가능성이 크다.

또 임상 3상까지 진행하는 과정에서 주가가 코스닥 시가총액 1~3위를 다툴 정도로 상승해 있었고, 그러다보니 투자자들은 상환권이 없는 주식 형태로 높은 밸류에 투자하는 것을 꺼려했을 것이다. 결국은 전환사채로 자금을 조달할 수밖에 없는 상황이었던 셈이다.

신라젠의 경우 상장 전에 전환사채 발행을 통해서 자금을 조달했는데, 상장 후 주가가 급등하면서 PB센터를 통해서 투자한 고액자산가들이 상당한 자본차익을 거둔 바 있다. 그 덕분에 상장 후에도 자본차익을 기대한 투자자들을 비교적 수월하게 모집하는 것이 가능했을 것이다.

결과적으로, 이들 기업들의 임상 3상 결과가 시장의 기대에 미치지 못하면서 관련 기업들의 주가는 최고점 대비 상당히 하락하였고, 투자자들은 실망스러운 성적표를 받아들었다.

해외의 사례를 살펴보면 바이오 R&D 기업의 주가는 임상 3상 성공 이후에 오히려 일시적으로 하락하는 경우가 많다고 한다. 임상 3상 성공에 대한 기대감에 주가는 이미 많이 오른 상태에다가 다시 어려운 관문을 하나 더 지나야 하기 때문이다. 3상 성공 이후에도 FDA의 품목허가 및 상업화의 과정이라는 관문이 남아있다.

만약 품목허가를 받고 순조롭게 출시가 된다면, 또 상업화가 성공적으로 된다면, 주가가 다시 한 번 더 오를 가능성이 크다. 이래저래 바이오 기업에 대한 투자는 신중하게 접근할 수밖에 없다.

✓ 체크 포인트

❶ 메자닌 투자라는 것은 채권과 주식이 혼합된 하이브리드형 투자다. 상장사 메자닌은 기관투자자들이 가장 선호하는 상품이다. 상장사 메자닌 중에서도 주식연계형 채권인 전환사채, 신주인수권부사채, 교환사채가 핵심 상품이다.

❷ 기관투자자들은 보통 사모발행 형태로 상장사 주식연계형 채권을 인수한 뒤, 무조건 1년은 채권 형태로 보유한다. 그리고 1년이 지나서 주가 추이를 보고 조기상환청구권을 행사할지 주식으로 전환해서 팔지 판단한다. 1년 뒤 주가가 인수가 보다 낮다면 기다렸다가 조기상환청구기간이 도래했을 때 조기상환청구를 하면 된다.

❸ 개인투자자들은 기관투자자들이 인수하는 상장사 주식연계형 채권에 직접 투자하기는 어렵다. 하지만 간접투자하는 방식은 얼마든지 있다. 대표적인 것이 시중에 넘쳐나는 메자닌 펀드에 가입하는 것이다.

❹ 전환사채는 상환권과 전환권이 있는 채권상품이다. 전환사채의 수익 창출 핵심은 '가격조정 조항'이다. 전환사채 발행 후 주가가 하락할 경우 최초 전환가격을 하락한 주가에 맞춰서 조정하는 것이다.

❺ 신주인수권부사채는 상환권과 전환권이 있는 채권상품이라는 측면에서 전환사채와 큰 차이가 없다. 신주인수권부사채는 채권과 워런트(신주인수권)를 나눌 수 있는 분리형과 나눌 수 없는 비분리형으로 구분된다. '워런트'는 투자자 입장에서 매력적인 요소다.

❻ 교환사채는 회사가 보유 중인 자기주식 혹은 다른 회사 주식에 대해서 교환권이 있는 채권 상품이다. 지분 희석이 되지 않고 타사 주식까지 교환 가능한 까닭에 발행가격은 통상적으로 시가보다 높은 수준에서 결정된다. 시가보다 높아도 살만한 가치가 있는 상품인 셈이다.

4장

'이제 기관투자자들만의 전유물이 아니다' 사모펀드 출자

사모펀드^{PEF}는 최근 개인투자자의 투자수단^{Vehicle}으로 시장의 관심을 가장 많이 받고 있는 상품이다.

2004년부터 도입이 되었으니, 국내에 도입된 지 어느덧 15년이 흘렀다. 초기에는 대형 기관투자자들의 전유물이었으나 최근에는 개인투자자들도 PB창구를 통해 신탁 형태로 사모펀드에 유동성 공급자$^{LP, 유한책임사원}$로 출자를 하고 있다.

사모펀드에 관해서는 관련된 책들이 이미 시중에 많이 나와 있다. 때문에 여기서는 사모펀드의 출자자 구성, 투자대상 및 재산운용 방식, 투자전략 등 핵심적 내용 위주로 살펴볼 생각이다.

1. '자본시장의 핵심 성장동력' 사모펀드

사모펀드란 경영권 참여, 사업구조 또는 지배구조의 개선 등을 위하여 지분증권^{Equity} 등에 투자 및 운용하는 투자합자회사인 사모집합투자기구로 정의할 수 있다(자본시장법 제9조 19항 1호).

사모펀드의 주요 특징은 다음과 같다.

첫 번째, 사모^{Private}의 방법으로 투자자를 모집한다. 여기서 사모의 개념은 총 49인 이하의 투자자로부터 자금을 모집하는 것을 의미한다(50인 이상, 즉 불특정 다수로부터 자금을 모집하는 것을 공모라고 정의한다). 사모투자라고 하는 것은 투자의 위험성$^{High\ Risk}$을 알고 이를 감수할 수 있는 소수의 투자자로부터 자금을 모아서 고수익$^{High\ Return}$을 추구하는 것이다.

두 번째, 지분증권에 투자하여 투자기업의 경영에 참여한다. 지분증권이라 함은 의결권이 있는 주식을 의미한다. 통상적으로 경영참여형 사모펀드의 경우 10% 이상의 지분을 취득하여 적극적으로 경영에 개입하며, 기업 실적의 개선을 추구한다.

세 번째, 업무집행사원$^{GP,\ 무한책임사원}$과 유한책임사원으로 구성되는 인적회사다. GP는 사모펀드를 운영하는 주체로 투자 및 운용을 담당하고, LP는 유동성을 공급한다.

네 번째, 상근 임직원이나 본점 이외의 영업소를 두지 않는 페이퍼컴퍼니다. 사모펀드는 자금모집$^{Fund\ Raising}$, 투자^{Investment}, 기업가치제고$^{Value\ Up}$, 투자금 회수^{Exit}의 단계를 거치면서 운용하게 된다.

최근 사모펀드의 시장규모가 가파르게 확대되고 있는 추세다. 경영참

표 4-1 │ 경영참여형 사모펀드 개수

(단위 : 개)

2011	2012	2013	2014	2015	2016	2017	2018	2019
181	226	237	277	316	383	444	583	721

자료 : 금융위원회

표 4-2 | 경영참여형 사모펀드 시장규모(수탁고) (단위 : 조원)

2011	2012	2013	2014	2015	2016	2017	2018	2019
17.7	21.1	28.1	31.8	38.4	43.6	45.5	55.7	61.7

자료 : 금융위원회

표 4-3 | 경영참여형 사모펀드 규모별 현황 (단위 : 개)

구분	출자 약정액	2011	2012	2013	2014	2015	2016	2017	2018.6.
대형	3,000억원 이상	36	45	47	51	57	53	48	51
중형	1,000~3,000억원	50	63	76	100	115	127	130	136
소형	1,000억원 미만	95	118	114	126	144	203	266	314
계		181	226	237	277	316	383	444	501

자료 : 금융위원회

여형 사모펀드의 개수 및 수탁고만 놓고 봐도 그 성장세가 확연하다.

2011년에 181개였던 사모펀드 개수는 2019년 기준 721개로 4배 급증했다. 사모펀드의 수탁고 역시 2011년 17조 규모에서 2019년 61조 규모로 껑충 뛰었다.

사모펀드의 규모별 현황 역시 마찬가지다. 출자약정액 1,000억원 미만의 소형 펀드가 차지하는 비중이 최근 들어 보다 더 커지고 있는 모양새다.

이 같은 수치는 사모펀드가 자본시장의 핵심 성장동력으로 자리하고 있음을 보여주는 대목이기도 하다.

2. 사모펀드 구분해서 보는 법

1) 경영참여형과 전문투자형

자본시장법은 최근 일부 법률이 개정되면서 사모펀드를 경영참여형 사모펀드와 전문투자형(한국형 헤지펀드) 사모펀드로 나누고 있다.

경영참여형 사모펀드는 경영권 참여, 사업구조 개선 등을 위하여 지분증권 등에 투자 및 운용하는 합자회사 형태의 집합투자기구를 가리킨다. 전문투자형 사모펀드는 이를 제외한 집합투자기구를 의미한다.

기관투자자들은 주로 경영참여형 사모펀드에 투자를 한다. 사모펀드의 원래 취지가 의미 있는 지분취득(통상적으로 10% 이상)을 통한 경영권 행사를 통해 기업가치를 상승시킨 후 재매각 하는 것이기 때문이다. 투자 후 기업가치 상승을 위해 전방위적인 자원이 투입되고, 이를 통해 추후 높은 가격에 재매각될 가능성을 높이는 것이다.

경영참여형 사모펀드의 경우 GP는 모든 전문투자자가 할 수 있다. 또 전문투자자에는 모든 금융회사(외국 포함), 금융공공기관, 주권상장법인 등이 포함된다.

LP는 3억원 이상 투자자면 가능하다. 단 GP의 임원 및 운용역도 LP출자를 할 수 있게 열어두었는데, 1억원 이상 투자가 가능하다. 이는 펀드 내의 이해관계를 일치시켜 사모펀드의 수익률을 극대화하기 위한 전략이다.

개인투자자 입장에서 3억원 이상 투자할 여력이 된다면 사모펀드의 단순출자자로 참여할 수 있다. 하지만 개인투자자에게 3억원은 큰 액수이기 때문에 최근에는 전문투자형 사모펀드로 관심이 쏠리고 있다.

전문투자형 사모펀드는 전문투자자가 GP로서 운용하는 것은 경영참여형 사모펀드와 동일하다. 개인투자자 입장에서는 1억원 이상만 투자하면 LP출자자로 참여가 가능하기 때문에 경영참여형 사모펀드에 비해 개인투자자에게 인기가 높다(최근 라임사태로 3억원으로 상향될 것으로 확실시 된다).

최근에는 전문투자형 사모펀드만 운용하는 전문사모집합투자업자들이 많이 생겨나고 있다. 타임폴리오자산운용, 안다자산운용, 디에스자산운용 등 이른바 한국형 헤지펀드를 운용하는 운용사들이다. 이들은 최근 코스닥 벤처펀드 붐을 타고 개인투자자들에게 알려지기 시작했으나, 실상은 그전부터 이 분야에서 꽤 유명한 운용사들이다.

이들은 주로 법인, 금융기관 및 큰손 개인투자자들로부터 자금을 유치하여 전문투자형 사모펀드를 결성한다. 롱숏long short전략을 통한 상장주식 매매, 상장사 메자닌, 프리IPO 구주 등을 자산에 편입하여 절대수익을 추구하기 때문에 공모펀드보다 수익률이 높다.

하지만 경영참여형보다는 단기투자에 집중함으로써 중장기 투자를 기본으로 하는 경영참여형과는 운용전략에 있어서 근본적인 차이가 있다.

전문사모집합투자업자는 자본금 10억원 및 전문인력 3명을 갖추면 등록이 가능하다. 이 때문에 최근 수익률이 양호한 펀드매니저들이 속속 독립하여 전문사모집합투자업자 자격요건을 갖추고 운용사를 창업하고 있다.

[표 4-4]는 경영참여형 사모펀드와 전문투자형 사모펀드를 구분해서

표 4-4 경영참여형 사모펀드와 전문투자형 사모펀드

구분	경영참여형	전문투자형
실체	상법상 합자회사	투자신탁, 투자회사, 투자조합 등 다양한 형태로 설립이 가능
근거법	자본시장법	자본시장법
도입 목적	기업의 사업구조, 지배구조개선	절대수익 추구
자금운용 및 투자의사결정	업무집행사원(GP)	업무집행사원
대상 기업	부실기업, 구조조정이 필요한 기업, 비효율적인 기업	제한없음. 한 펀드 내 다양한 자산에 대한 투자 허용
설립 요건	전문투자자는 제한없음 일반투자자는 업무집행사원 임원 또는 운용인력 1억원 그 외의 자는 3억원	전문투자자는 제한없음 일반투자자는 레버리지가 펀드 순자산총액의 200% 이하인 경우 1억원 200% 초과하는 경우 3억원
투자 범위 및 행태	타회사 주식소유 (10% 이상) 펀드 재산의 50%를 피투자회사의 주요 경영사항에 대하여 사실상의 지배력 행사가 가능한 투자로 하여야 함 취득한 주식은 6개월 이상 보유	증권, 부동산, 특별자산 등 다양한 자산에 대한 투자가 가능함 주요 투자 대상에 대한 의무투자비율 없음

자료 : PEF 이해, 금융위원회

주요 특징을 정리한 것이다.

한편, 금융위원회에서는 '사모펀드 체계 개편방안(2018년 9월)' 발표 이후 글로벌 사모펀드 수준의 자율성을 부여하기 위한 법령개정을 준비 중이다. 전문투자형과 경영참여형을 구분하는 10% 지분보유 규제(경영참여 여부) 등을 폐지하고, 현행 전문투자형과 경영참여형에 적용되는 규제 등을 손본다는 방침이다.

현행 경영참여형 사모펀드를 기관전용 사모펀드로 전환하여 GP에 대한 검사, 감독 능력이 있는 기관으로부터만 자금을 조달할 수 있도록 하고, 금융당국의 개입도 최소화할 예정으로 알려졌다.

추이를 좀 더 지켜봐야겠지만, 이렇게 되면 개인투자자들은 사모펀드에 직접적인 LP출자가 불가능하고 재간접펀드Fund of Fund를 통해서만 투자가 가능해 진다.

투자 나침반을 제대로 읽어라! (12)

| '경고등이 켜졌다' 라임자산운용의 환매 연기 사태 |

전문사모집합투자업자는 자본금 10억원 및 전문인력 3명을 갖추면 등록이 가능하기 때문에 한국형 헤지펀드를 표방하면서 최근 우후죽순 생겨났다.

이들은 절대수익을 추구하기 때문에 공모펀드보다 수익률이 높다. 한마디로 단기 고수익을 추구한다는 말이다. 그러니 자금이 몰릴 수밖에 없다. 이들이 운용하는 펀드에는 은행 PB창구를 통해서 개인자금이 몰리면서 펀드 순자산이 급증했다.

단기 고수익을 추구하다 보면 항상 문제가 발생하기 마련이다. 최근에 환매 연기를 선언한 라임자산운용이 단적인 예다. 라임자산운용은 유동성이 낮고, 리스크가 매우 높은 부실기업의 메자닌을 공격적으로 인수했다.

메자닌 투자의 경우 잦은 대주주 변동, 지속적인 영업적자로 인한 관리종목 리스크, 사업 부실화 위험 등은 필수적인 체크사항이다. 리스크가 큰 부실기업의 메자닌은 투자하지 않는 것이 원칙이다. 하지만 지난 몇 년 동안 라임자산운용이 인수한 메자닌에서 다수의 문제가 발생했고, 상당수가 거래정지 혹은 상장폐지가 되었다.

라임자산운용은 여러 개의 펀드를 활용해 리스크가 큰 메자닌에 대해서 일종의 돌려막기(A펀드가 인수한 메자닌을 B펀드에서 사는 방식)를 하다가 문제가 커졌고, 결국 환매 중단사태까지 발생한 것이다. 최근에는 라임자산운용에서 메자닌을 인수한 기업의 경영비리에 임원이 연루되면서 사건이 더 커지고 있는 모양새다.

상장사 메자닌 투자는 앞서 언급한대로 정석을 지켜서 투자한다면 투자자에게 안전하고 유리한 상품이다. 하지만 투자기업에 대한 철저한 분석 없이 리스크가 큰 기업에 투자한다면 결과는 자명하다. 결국 원금상환에 실패하고 투자자에게 손실만 안겨줄 뿐이다.

라임사태로 인해 그동안 급증하던 한국형 헤지펀드의 순자산도 감소 추세로 돌아섰다. 2018년에는 무려 5조원 이상의 메자닌이 발행되었는데, 이들이 공격적으로 인수하던 메자닌 발행액도 이제 주춤하는 모습이다.

이번 라임사태가 주는 메시지는 분명하다. 메자닌 시장이 정상화되는 확고한 계기로 삼아야 한다는 것이다. 가령, 그동안 발행사 위주의 시장에서 한계기업이 떡하니 유리한 조건으로 메자닌을 발행하는 것도 그렇다. 또 이를 아무렇지도 않은 듯 헤지펀드가 인수하는 것도 문제다. 이런 관행부터 확실히 없어져야 한다.

2) 창업벤처전문과 기업재무안정

　창업벤처전문 사모펀드는 2017년 시행된 제도로, 창업벤처기업 등의 성장기반 조성 및 건전한 발전을 위해 투자운용하는 사모펀드다.

　투자대상은 주로 중소벤처기업이다. 여기에는 창업자, 벤처기업, 기술혁신 및 경영혁신형 중소기업, 신기술사업자, 소재부품전문기업 가운데 중소기업 등이 포함된다.

　이 펀드는 출자 후 2년 이내에 출자한 금액의 50% 이상을 이런 중소벤처기업이 발행한 증권에 투자하면 된다. 여기서 증권이라 함은 보통주, 우선주, 주식연계형 채권을 모두 포함하는 개념이다.

　통상적으로 사모펀드가 메자닌에 투자하면 2년 뒤에 50%를 보통주로 전환해야 하지만, 이 펀드는 주식연계형 채권 투자가 가능하기 때문에 그럴 필요가 없다.

　또 이 펀드는 투자자산의 6개월 보유의무와 경영참여 의무(의결권 있는 주식 10% 이상 취득, 사외이사 파견)도 면제가 된다.

　여러 가지 세제혜택도 있다.

　첫 번째, 법인세가 감면된다. 내국법인이 창업벤처전문 사모펀드를 통하여 2019년 말까지 창업자, 신기술사업자, 벤처기업 등의 주식에 투자하는 경우, 투자액의 5%를 법인세에서 공제해준다.(2022년 12월 31일까지 연장 예정)

　두 번째, 소득공제를 해준다. 창업벤처전문 사모펀드에 2020년 말까지 투자하는 경우, 출자한 금액의 10%를 투자한 해와 그 다음 해 중 1년을 택하여 종합소득금액의 50%를 한도로 공제해 준다.

세 번째, 증권거래세가 면제된다. 창업벤처전문 사모펀드가 창업자, 벤처기업 및 코넥스 상장 2년 이내의 중소기업 등에 직접 투자한 주식을 2020년 말까지 양도하는 경우 면세가 된다.

기업재무안정 사모펀드는 재무구조개선기업의 경영정상화 및 재무안정 등을 위해 투자운용하는 사모펀드다.

여기서 말하는 재무구조개선기업에는 부실징후기업, 회생절차 신청기업, 파산 신청기업, 재무구조개선 약정 체결기업, 재무구조개선을 하려는 기업(자본잠식기업, 부채비율이 업종평균의 1.5배 초과기업, 대손율 5% 이상 기업, 회사채 투자부적격 기업, 2년 연속 영업손실 기업)이 포함된다.

이 펀드는 출자 후 2년 이내에 출자한 금액의 50% 이상을 재무구조개선기업이 발행한 증권에 투자하면 된다. 역시 여기에는 보통주, 우선주, 주식연계형 채권이 모두 포함된다.

특이한 것은 통상적으로 사모펀드는 대출이 불가능한 데 반해 이 펀드는 재무구조개선기업에 자금을 대여할 수 있다(단, 사모펀드 자기자본 범위 내).

기업재무안정 사모펀드도 창업벤처전문 사모펀드와 동일하게 투자자산 6개월 보유의무가 면제되고, 경영참여 의무도 면제가 된다.

또 사모펀드가 SPC특수목적회사를 통하지 않고 직접 자기자본의 200%까지 차입하거나 채무보증 하는 것도 가능하다. 통상적인 경영참여형 사모펀드는 사모펀드 재산의 10% 이내에서만 차입이 가능하고 SPC를 활용할 경우 자기자본의 300%까지 차입이 가능하다.

3) 블라인드 펀드와 프로젝트 펀드

사모펀드는 투자대상을 특정하고 있느냐 아니냐에 따라서 블라인드 펀드와 프로젝트 펀드로 나눌 수 있다.

블라인드 펀드는 투자대상을 특정하지 않고 투자 콘셉트만 설정한 다음에 자금을 모집해서 투자하는 방법이다. 반면에 프로젝트 펀드는 투자대상을 특정한 다음에 자금을 모집해서 투자하는 방법이다.

미국 등 사모펀드의 역사가 오래된 곳은 주로 블라인드 펀드가 일반적이고, 국내는 프로젝트 펀드의 결성 건수가 압도적으로 많다.

이는 국내 사모펀드의 역사가 짧기 때문에 트랙레코드가 충분한 운용사가 아직 많지 않기 때문이다. 또 국내 기관 LP들이 프로젝트 펀드를 선호하는 것도 한몫을 한다.

하지만 국내에서도 점차적으로 트랙레코드가 쌓이는 운용사가 늘어나면서 앞으로는 블라인드 펀드 결성 건수 역시 늘어날 것으로 보인다.

3. 사모펀드 구성의 ABC

1) 펀드를 운용 하는 'GP'

GP(업무집행사원)는 펀드 운용을 책임지는 주체이다. 신문지상에서 자주 볼 수 있는 MBK, IMM 등이 국내 토종 사모펀드의 GP들이다. KKR, 어피니티 등이 해외에서 트랙레코드가 우수한 GP들이다.

이들은 다년간의 투자경험과 우수한 인재들, 그리고 막강한 C-레벨 풀*을 보유하고서 자본시장의 큰 딜을 좌지우지하는 집단이다.

국내로 시야를 좁혀보면, 최근에 두각을 나타내는 GP들은 MBK, IMM 이외에도 예전 보고펀드에서 분리된 VIG, 시멘트 업종의 딜을 주로 했던 한앤컴퍼니, 최근에 롯데손해보험 인수주체로 선정된 JKL, 주로 프로젝트 펀드만을 구성해서 고수익을 추구하는 까무르, 동양매직 딜을 성공적으로 이끈 글랜우드 등이 있다. 이들은 금융그룹에 속하지 않기 때문에 흔히 독립계 PE라고 부른다.

이외에도 최근에는 은행 및 증권사에서 대부분 PE 업무를 하고 있다. 은행은 IBK기업은행, KDB산업은행이 PE의 운용사로 참여하고 있다. 증권사로는 NH투자증권, 미래에셋대우, SK증권, 신한금융투자 등이다.

GP는 통상적으로 전체 펀드금액의 1~10% 정도 투자하는 경우가 많고, 펀드운용의 대가로 관리보수와 성과보수를 수취한다. 관리보수는 블라인드 펀드의 경우 투자기간 동안에는 약정총액의 1~2%를 가져간다. 투자기간 이후에는 투자잔액의 1~2%로 설정해서 보다 적극적인 투자를 유도한다. 투자가 되지 않고 남아 있는 돈을 드라이 파우더Dry Powder라고 하는데, GP는 가급적 투자기간 내에 투자를 집행해서 투자기간 이후에 드라이 파우더가 발생하지 않게 해야 한다.

성과보수는 GP가 투자를 잘 해서 수익을 시현했을 때 초과수익을 배당 받는 개념이다. 통상 기준수익률을 설정하고, 기준수익률 초과수익의 20~30%를 가져간다. 기준수익률은 과거에는 8%가 일반적이었다. 하지

---

* C-레벨 풀 : 향후 바이아웃 딜 완료시 직접 회사를 경영하는 CEO, CTO(최고기술책임자), CFO(최고재무책임자), COO(최고관리책임자) 집단을 의미한다.

만 시장의 경쟁상황이 심해져서 고수익을 시현하기 점점 힘들어지고 저금리 고착화 등으로 인해 점차 낮아지고 있는 추세다. 최근에는 5~6% 대에서 형성되는 경우도 빈번하다.

GP에게 관리보수와 성과보수는 모두 중요하다. 관리보수는 딜을 발굴하고 투자 후 사후관리에 필요한 기본적인 보수로서 필요하다. 성과보수는 저평가되어 있고 고수익이 기대되는 투자처를 발굴하기 위한 강력한 유인이 된다.

2) 펀드에 투자하는 'LP'

LP유한책임사원는 사모펀드에 유동성을 공급하는 기관으로, 유동성 공급자라고도 한다. 국민연금 등을 포함한 연기금과 한국성장금융 등이 대표적이다. 이외에도 각종 공제회가 있다.

최근에는 공제회들이 수익성을 올리기 위해서 활발하게 유동성을 공

표 4-5 | 사모펀드의 출자자

출자자 구분	내용	비고
업무집행사원	독립계 PE(MBK, IMM) 증권사 PE (NH, SK, 미래, 신한) 은행 PE(KDB, IBK)	펀드의 운영주체
유한책임사원 1	연기금(국민연금, 사학연금) 한국성장금융	유동성 공급자
유한책임사원 2	공제회 (교원공제회, 지방행정공제회, 과학기술인 공제회, 군인공제회 등)	
유한책임사원 3	은행 (IBK, KDB, 우리, 신한) 캐피탈 (IBK, KDB, 신한)	

자료 : 저자

급하고 있으며, 교원공제회, 지방행정공제회, 과학기술인공제회, 노란우산공제회, 군인공제회, 교정공제회 등이 시장에서 주로 LP로 활동 중이다.

그리고 국내 대표은행인 KDB산업은행도 사모펀드시장에서는 주요 GP이자 LP이기도 하다. 산업은행은 과거 정책금융공사와 합쳐지면서는 자본시장에서 주요 LP로도 활동하고 있다.

여신전문금융업종도 주요 LP 중 하나다. IBK캐피탈, 신한캐피탈, KDB캐피탈이 대표적이다. 이 외에도 효성캐피탈, 무림캐피탈 등이 오랜 기간 LP로서 사모펀드시장 성장에 기여해 왔다.

3) 인수금융 제공하는 '대주단'

사모펀드 내의 출자자는 아니지만, 규모가 큰 바이아웃 딜을 할 경우 통상적으로 인수금융이 필요하게 된다. 이 경우 인수금융을 제공하는 기관들을 통칭해서 대주단이라고 한다.

국내는 주로 대형은행(IBK, KDB, 우리, 신한, 국민은행)과 대형증권사, 캐피탈사 등이 대주단을 구성해서 딜에 참여하게 된다.

인수금융을 사용한 바이아웃 투자에 대해서는 뒤에서 따로 자세히 설명하겠다.

4) 투자자에게 중요한 '선순위'와 '후순위'

투자자 입장에서는 사모펀드 출자자의 구성에서 가장 눈여겨봐야 할 부분이 선순위 출자자와 후순위 출자자 구분이다. 통상적으로 출자자들이 모두 동순위처럼 보이지만 실무에서는 그런 경우는 거의 없다.

블라인드 펀드의 경우, GP는 출자금 전액을 후순위로 설정하거나 향후 수령하게 될 관리보수 범위 내에서 출자금을 후순위로 설정한다. 이는 GP가 책임 있는 운용을 위해서 먼저 제안하는 경우도 있고, LP들이 요청하기도 한다. 특히 딜의 위험성이 클 경우 GP가 후순위로 출자하지 않으면 LP의 참여를 이끌어 내기가 쉽지 않다.

프로젝트 펀드로 구성되는 바이아웃 딜에서는 통상적으로 기관투자자인 재무적 투자자[FI]들이 최선순위 출자자로 참여하고, 전략적 투자자[SI]나 매도자가 후순위 출자자로 참여한다.

전략적 투자자들은 바이아웃 딜의 규모가 클 경우 자체 자금으로 회사를 인수할 수 없고 재무적 투자자를 반드시 참여시켜야 한다. 또 회사를 인수해서 직접 경영을 하는 경우가 대부분이기 때문에 전략적 투자자의 경영능력에 딜의 성패가 달렸다고 해도 과언이 아니다. 따라서 재무적 투자자들은 전략적 투자자에게 의존할 수밖에 없고, 반대급부로 전략적 투자자의 후순위 출자를 요구하게 된다.

반면, 바이아웃 딜이 아닌 단순 소수지분 투자minority investment의 경우에는 전략적 투자자에 의존한다기보다는 기존 경영진이 회사를 이끌어가기 때문에 후순위 출자를 요구하지 않는다.

바이아웃 딜에서는 매도자가 후순위로 참여하는 경우도 많은데, 이는 대부분 재무적 투자자가 요청해서 이루어진다.

매도자 입장에서는 경영권 지분을 매각한 후에 경영에서 손을 떼는 것이 가장 이상적인 시나리오인데, 매수를 하는 사모펀드의 경우에는 막상 매도자가 매도 후 경영에서 급작스럽게 손을 떼면 경영공백이 발생할 수 있다. 이에 대한 대비책으로 매수자는 통상적으로 매도자가 지분을 매각한 후 손에 쥐게 되는 현금의 일부를 다시 사모펀드에 출자하기를 요청하는 것이다. 경영이 안정될 때까지 혹은 사모펀드가 최종적으로 투자금을 회수할 때까지 매도자가 경영하기를 원한다.

예를 들어, 30년 업력의 회사를 대주주가 100% 지분양도를 하여 1,000억원에 회사를 매각한다고 가정하자. 이 경우 양도차익에 대한 세금을 20%라고 가정하면 대주주는 800억원을 지분양도 대가로 수령하게 된다. 하지만 이 경우 바이아웃 펀드의 GP는 대주주와 협상을 통해서 이 가운데 일부를 펀드에 후순위로 출자하도록 유도한다.

이 비율을 전체 펀드 크기의 30%라고 가정하면 300억원이 된다. 그렇게 되면, 전체 1,000억원의 펀드 출자금 중 300억원이 후순위로 설정되어 출자자들은 하방리스크에 어느 정도 대비할 수 있게 된다. 1,000억원 이상에 재매각 하면 가장 좋고, 최소한 700억원에 회사를 재매각하게 되어도 원금은 건질 수가 있는 것이다.

대주주 입장에서도 지분양도 대가로 800억원 중 500억원을 수취하고 나머지 300억원을 펀드에 출자하여 기업가치가 상승한 뒤 매각하면 더 큰 차익을 누릴 수가 있다.

외국의 대형 사모펀드같이 C-레벨 풀이 풍부하면 매도자 후순위라는 것이 필요 없겠지만 국내와 같이 소규모의 바이아웃 딜이 많은 시장에서는 아주 유용한 기법이라 할 수 있다.

매도자 입장에서도 지분을 모두 매각하는 것도 좋지만, 일정 지분을 다시 사모펀드에 출자하여 기업가치 상승을 통해 더 큰 자본차익의 기회

표 4-6 | 선순위 출자자와 후순위 출자자

출자자 구분	내용	비고
선순위 출자자	재무적투자자 (FI) : 유한책임사원 1, 2, 3 해당	최선순위
후순위 출자자	업무집행사원	책임 운영
	전략적 투자자(SI)	
	매도자	

자료 : 저자

를 향유할 수 있다.

그리고 최근에는 국내 대형 기관투자자들 중 한국성장금융과 같은 재무적 투자자들이 LP 출자금을 일부 후순위로 설정해서 민간 LP들의 적극적인 참여를 이끌어내기도 한다. 이는 기존에는 상상할 수 없는 출자 방식이다. 국내 사모펀드시장의 규모 확대를 위해 내놓은 과감한 정책이라고 할 수 있겠다.

 투자 나침반을 제대로 읽어라! (13)

| '파격적이어서 더 반가운' 한국성장금융의 후순위 LP 출자 |

한국성장금융은 2013년 출범한 성장사다리펀드가 그 모태이다. 성장사다리라고 이름 붙인 이유는 창업-성장-회수의 자금흐름이 원활하게 이루어지는 벤처생태계를 구축하기 위함이었다.

창업-성장-회수를 국내 시장에 대입해 보면 비상장-코넥스-코스닥으로 이어지는 자본시장으로 매칭할 수 있다. 이 펀드를 통해서 자본시장의 성장사다리 역할을 한다는 취지로 출범해 상당 부분 그 역할을 충실히 해내고 있다.

2016년에 한국성장금융 주식회사로 공식 출범했고, 국내 자본시장에서 연기금, 한국벤처투자(모태펀드)와 더불어 모험자본의 대표적인 LP로 한 축을 담당하고 있다.

운용 중인 펀드도 대표 펀드인 성장사다리펀드를 비롯해 반도체펀드, 성장지원펀드, 코스닥스케일업펀드, 은행권일자리펀드, 기업구조혁신펀드 등 다양하고 출자규모도 점차 확대되는 추세다.

여기서 특히 주목되는 펀드는 한국성장금융이 파격적인 방법으로 시도한 기업구조혁신펀드다.

통상적으로 재무적 출자자는 선순위 출자를 담당한다. 후순위 출자는 아예 하지 않는다. 하지만 한국성장금융은 기업구조혁신펀드를 조성하면서 이런 관행을 과감히 뒤집었다. 2년간 약 1조원 정도를 조성하면서 중순위와 후순위 출자를 담당한 것이다. 이유는 간단하다. 민간자금을 선순위로 끌어들이기 위해서다. 민간의 적극적인 참여 없이는 시장 규모의 확대는 요원할 수밖에 없는 일이다.

2019년 제1차 기업구조혁신펀드 공고문을 보면 한국성장금융이 약정총액의 50% 이내에서 출자하면서 중순위와 후순위에 일정비율로 출자를 하고 있다.

운용사에게 지급하는 성과보수도 풀 캐치 업$^{Full\ Catch\ up}$ 방식을 도입해 동기부여에 힘을 실었다. 기준수익률을 6%로 정하고 초과이익의 20%를 주는 방식을 선택할 수 있지만, 운용사가 기준수익률을 8%로 올려 제안

표 4-7 | 한국성장금융 제1차 기업구조혁신펀드 출자비율(2019년)

구분	선순위	중순위	후순위	순위 외	합계
출자비율	39.2%	6.9%	7.7%	46.2%	100.0%

자료 : 한국성장금융

표 4-8 | 기업구조혁신펀드의 성과보수

기본	펀드 수익이 기준수익률 6% 초과시 초과이익의 20%
선택	풀 캐치 업 : 기준수익률 8% 초과시 펀드 전체 수익의 20%

자료 : 한국성장금융

할 경우에는 보다 과감한 인센티브를 부여하는 것이다. 이 경우에는 (초과이익의 20%가 아니라) 펀드 전체 수익의 20% 이내에서 성과보수를 지급하는 방식이다.

기업구조혁신펀드는 과거 구조조정을 위해서 조성되었던 펀드와 성격이 유사하기 때문에 아무래도 민간 자금이 출자를 꺼릴 수밖에 없다. 부실기업에 투자하고 싶은 사람은 없으니 말이다.

부실기업에 투자한 후 구조조정을 통해 턴어라운드 기업으로 탈바꿈 시켜야 하는데, 운용사가 자금을 투입해 턴어라운드를 시키기 위해서는 엄청난 리소스가 투입이 되어야 한다. 과거 채권은행들이 부실기업을 턴어라운드 시키기 위해서 들인 노력들을 봐도 그렇다. 출자전환 등 다양한 방법을 사용했지만 성공적으로 턴어라운드 한 사례는 그리 많지 않았다.

이러한 이유로 한국성장금융은 앵커 LP로 참여하면서 일정금액을 중순위와 후순위로 출자하고, 운용사에게도 새로운 방식의 인센티브를 제안하며 동기부여에 나선 것이다.

5) '자금납입요청'과 납부방법 3가지

사모펀드의 GP는 펀드 조성이 완료되면 이른바 자금납입요청Capital Call이라는 것을 한다. 이는 출자자들을 대상으로 펀드에 자금을 납입해 달라는 요청서다. 출자자들이 자금을 납부하는 방식은 크게 3가지로 나뉜다.

첫 번째는, 수시납이다. 블라인드 펀드에서 많이 사용하는 방식으로, 투자 건이 발생할 때마다 납부하는 방식이다. 출자자 입장에서는 투자 건이 없는데도 펀드에 자금을 넣어놓으면 이자비용만큼 손실이기 때문에 대개의 경우 이런 방식을 선호한다.

두 번째는, 분할납이다. 투자기간 동안 나누어서 납부하는 방식이다. 역시 블라인드 펀드에 사용하는 방식이다.

세 번째는, 일시납이다. 출자금을 일시에 펀드에 납입하는 방식으로, 이는 프로젝트 펀드에서 일반적으로 사용하는 방식이다. 프로젝트 펀드는 통상적으로 단일 건에 대한 투자이기 때문에 펀드가 조성이 되면 바로 출자금을 납입해서 투자대상에 투자를 진행한다.

4. 사모펀드의 재산운용 및 투자전략 트렌드

1) 투자대상 및 재산운용 방식

경영참여형 사모펀드의 주요 투자대상은 회사의 지분이다. 그 중에서도 10% 이상의 지분을 취득하는 것을 목표로 한다. 그 미만이 되어서는 회사에 영향력을 행사하기 힘들기 때문이다. 통상적으로 회사에 영향력을 미치기 위해서는 지분을 10% 이상 취득하거나 이사 선임권을 보유하는 것이다. 일반적으로 사모펀드는 투자할 때, 이 2가지 요건을 모두 갖추면서 투자한다.

최근에는 사모펀드에서 투자대상기업의 주식연계형 채권을 인수하는 경우도 많다. 이 경우 인수시점으로부터 2년 이내에 전환권 또는 신주인수권 등을 행사하여 사모펀드 재산의 50% 이상을 투자대상기업의 의결권 있는 주식이 되도록 하여야 한다. 또 이 취득 주식이 투자대상기업의 지분 10% 이상이 되어야 한다.

사모펀드는 투자대상기업에 직접 투자를 할 수도 있으나 인수금융이 필요한 경우에 투자목적회사를 설립하고, 이 회사에 투자하여 이를 통해서 투자대상기업에 투자하는 것도 가능하다.

자본시장법은 사모펀드가 단독으로 경영권참여목적 투자를 하는 경우 이외에 여러 사모펀드가 공동으로 투자대상기업에 투자하는 경우도 인정하고 있다. 사모펀드가 공동투자 요건을 충족하는 경우, 어느 한 사모펀드가 단독으로는 투자대상기업의 의결권 있는 발행주식 총수의 10% 이상을 취득하지 못하고 이사 파견을 하지 못하더라도 공동으로 10% 이상을 취득한다면 적법하게 재산을 운용한 것으로 볼 수 있다.

전문투자형 사모펀드는 증권, 부동산, 특별자산 등 다양한 자산에 대한 투자가 가능하다. 주요 투자대상에 대한 의무투자비율(50%) 규제도 없고, 한 펀드에서 여러 자산을 골고루 나누어서 담는 것도 가능하다.

따라서 통상적으로 상장사 주식에 대한 롱숏전략, 상장사 메자닌, 프리IPO 주식으로 나누어서 절대수익을 추구한다.

2) 사모펀드 투자전략이 변화하는 지점

경영참여형 사모펀드의 투자는 일반적인 메자닌이나 주식투자와 상당히 큰 차이가 있다. 사모펀드의 원래 취지가 의미 있는 지분취득(통상적으로 10% 이상)을 통한 경영권 행사와, 이를 통해 기업가치를 상승시킨 후 재매각 하는 것이다. 그렇기 때문에 단순투자보다는 바이아웃Buy Out을 위한 투자가 많고, 투자형태도 주로 대주주가 보유한 보통주를 구주 형태로 인수하는 투자가 대부분이다.

하지만 최근에는 경영참여형 사모펀드에서도 경영권 인수보다는 단순 10% 이상의 지분취득, 혹은 메자닌 인수 후 사외이사 파견을 통한 간접적인 경영참여 형태로 투자하는 사례가 늘고 있다. 이는 경영권 인수 후 회사의 가치를 상승시켜 재매각 하는 것이 시간도 오래 걸리고 난이도가 상당히 높은 작업인데다 오랜 시간동안 출자자들의 출자금이 묶이기 때문이다.

반면에 단순 10% 이상의 지분취득 후 IPO를 통한 투자금 회수, 혹은 상장사 메자닌 인수 후 주가가 올랐을 경우 전환해서 투자금을 회수하는 경우는 상대적으로 단기간에 이루어질 가능성이 높다. 난이도 역시 상대적으로 용이하기 때문에 출자자들이 선호한다.

전문투자형 사모펀드는 경영참여 형태로 투자하는 경우는 거의 없고, 상장사 주식 인수, 소수지분 인수, 메자닌 인수 등의 투자형태가 대부분이다.

5. 상품별 투자전략 핵심 포인트

1) 주식연계형 채권 투자전략

일반적인 상장사 주식연계형 채권 투자와 동일하다. 단, 경영참여형 사모펀드는 투자 후 2년이 되는 시점에 펀드 투자자산의 50%를 보통주로 전환해야 하는 의무조항이 존재한다(이 조항을 폐지하기 위한 법률이 국회에 상정되어 있다). 따라서 투자자 입장에서는 전체 투자금액의 50%가 보통주 투자라는 리스크에 노출되는 셈이다. 그리고 전체 투자금액의 50%를 보통주로 전환했을 때, 회사 전체 지분의 10%가 되지 않으면 사외이사를 파견해서 경영지배목적 요건을 갖추어야 한다.

기업재무구조개선 사모펀드나 창업벤처전문 사모펀드는 예외적으로 주식연계형 채권을 보통주로 전환하지 않고 계속 보유할 수 있다.

그리고 경영참여형 사모펀드는 투자 후 6개월 이상 그 지분증권 등을 소유해야 하기 때문에 상장사 주식연계형 채권에 투자한 후에 주가가 올랐다고 해서 투자 후 6개월이 경과하지도 않았는데 이를 처분하는 것은 불가능하다.

비상장사 주식연계형 채권 투자 역시 경영참여형 사모펀드는 투자 후 2년이 되는 시점에서 펀드 투자자산의 50%를 보통주로 전환해야 하는 의무조항이 존재한다.

일반적인 주식연계형 채권 투자와 마찬가지로 상장 실패 시에는 상환조건이 들어간다. 3~5년 내 IPO 혹은 적격상장^{QIPO*} 실패 시 회사에 대한 상환청구 조건이 일반적이고, 회사가 상환을 못할 경우에 대비해 대주주 연대보증 조건이 추가되는 경우가 많다.

또한 상장 실패 시 투자자가 보유한 전환사채나 신주인수권부사채를 대주주 지분에 태그얼롱Tag-along** 해서 매각할 수 있는 권리 및 대주주 지분을 드래그얼롱Drag-along*** 해서 매각할 수 있는 권리가 추가되는 경우가 일반적이다.

드래그얼롱을 해서 지분을 매각하게 되면 대주주에게 지분을 우선적으로 매수할 수 있는 권리(우선매수권)가 부여 되고, 매각완료 후 선순위 출자자가 출자 원금에 한해 먼저 회수할 수 있는 구조로 설계한다. 이 경우 대주주 견제와 무관할 경우 추가수익 보장은 금지된다.

여기에다가 실적 리픽싱****, 공모가 리픽싱*****, M&A 리픽싱****** 조건이 추가되어 투자자들의 지분희석을 방지하고 상장 후에도 주가하락에 대비한다.

투자조건이 지나치게 투자자에게 유리한 것 아니냐는 생각이 들 수도 있지만, 투자자의 원금손실 리스크를 피하기 위한 이런 안전장치는 어느 정도 필요하다. 상장사와 달리 비상장사는 IPO 실패에 대한 리스크가 존

---

* QIPO(Qualified IPO) : 적격상장요건. 투자자들이 요구하는 최소한의 상장조건으로 이해하면 된다. 투자자들이 어느 정도의 수익이 보장되지 않으면 상장에 동의를 하지 않는 것으로, 최소한 투자원금 이상 혹은 투자원금에 만기보장수익률(YTM)을 붙여서 상장조건을 제시한다.

** Tag-along : 동반매도권. 대주주(동반매도권을 부여한 자)가 제3자에게 지분을 매각할 때 동일한 조건으로 투자자(동반매도권을 보유한 자)가 지분을 매각할 수 있는 조항이다.

*** Drag-along : 동반매도청구권. 투자자(동반매도청구권을 보유한 자)가 제3자에게 지분을 매각할 때 대주주(동반매도청구권을 부여한 자) 지분을 함께 묶어서 매각할 수 있도록 요청할 수 있는 조항이다.

**** 실적 리픽싱 : 실적에 따라 투자단가를 조정하는 장치.

***** 공모가 리픽싱 : 공모가격에 따라 투자단가를 조정하는 장치.

****** M&A 리픽싱 : M&A 되는 단가가 투자단가보다 낮을 경우 투자단가를 조정하는 장치.

재하고, 자본시장에서 자금조달이 불가능하기 때문이다. 이런 상품에 투자하는 투자자 입장에서도 나쁠 것이 없다.

2) 상환전환우선주·전환우선주 투자전략

일반적인 (비)상장사 상환전환우선주나 전환우선주 투자와 유사하다고 할 수 있다.

비상장사는 상장 실패 시 상환조건이 들어간다. 3~5년 내 IPO 혹은 적격상장 실패 시 회사에 대한 상환청구 조건이 일반적이다. 상환 재원인 배당가능이익이 없을 경우 대주주가 상환청구권을 받아주게끔 투자조건을 설계한다.

하지만 회사가 배당가능이익이 없을 경우 이해관계인으로 들어가는 대주주 또한 상환청구권을 받아 줄 의무는 없다. 따라서 대주주 등 이해관계인에게 상환청구권이 아닌 이벤트 발생 시 매수청구권 조항(배당가능이익에 상관없이 매수해야 하는 조항)을 계약서에 삽입하여 환매 장치를 마련해 두는 것이 보통이다.

또 상장 실패 시 투자자 보유 상환전환우선주를 대주주 지분에 태그얼롱 해서 매각할 수 있는 권리 및 대주주 지분을 드래그얼롱 해서 매각할 수 있는 권리가 추가되는 것은 비상장사 주식연계형 채권 투자와 동일하다. 여기에다가 실적 리픽싱, 공모가 리픽싱, M&A 리픽싱 조건이 추가된다.

보통주 전환조건, 예를 들어 상장예비심사 청구 시 보통주로 전환한다는 조건을 추가하는데, 이는 앞에서 설명한 파생상품부채로 인한 대규모

평가손실을 방지하기 위함이다.

전략적 투자자가 동반투자자로 참여하는 경우, 전략적 투자자가 이사회에 사외이사 1명을 파견하여 경영감시기능을 담당한다. 전략적 투자자가 투자 이후 대주주가 되는 경우에는 상환청구권 혹은 매수청구권을 받아주게끔 조건을 추가하는 것이 일반적이다. 전략적 투자자가 대주주가 아닌 경우에는 상환청구권 혹은 매수청구권을 받아주는 경우는 거의 없다.

3) 보통주 투자전략

상장사 보통주 신주로 유상증자(제3자 배정)에 참여하거나 보통주 구주를 인수하는 경우에는 사외이사 파견 외에는 견제할 만한 장치가 없다. 그렇기 때문에 회사가 제시한 경영실적을 반드시 달성하겠다는 약정을 체결하고, 이를 달성하지 못할 경우 대주주가 상환청구권 혹은 매수청구권을 받아주는 약정을 주로 체결한다.

보통주임에도 상환청구권 약정을 체결하면 메자닌 투자나 상환전환우선주 같은 부채상품이 아니냐고 의문을 가질 수 있는데, 회사가 아닌 대주주와 상환청구권 약정을 체결하기 때문에 부채는 아니다.

다만 과도한 상환청구권 약정이 과거에도 문제가 되어 금융위원회에서 이에 대한 가이드라인(옵션부 투자 가이드라인)을 제시한 적이 있고, 이 규정은 현재도 유효하다(대주주 견제와 무관하고 추가수익을 보장하는 풋옵션은 계속 금지상태다).

종종 1대 주주와 마찰이 있어서 경영에 방해가 되는 2대 주주 지분을 인수하는 경우가 있는데, 이 경우에도 1대 주주의 필요에 의해서 투자한 것이기 때문에 1대 주주와 상환청구권 혹은 매수청구권 등의 약정을 체결하고 태그얼롱 조건을 추가한다.

비상장사의 경우 신주 유상증자(제3자 배정)의 경우에는 상장 실패 시 상환조건이 들어간다. 3~5년 내 IPO 혹은 적격상장 실패 시 투자대상회사에 대한 상환청구 조건(자사주 취득)이 일반적이고, 이를 이행하지 못할 시에 대주주가 상환청구권을 받아주게 설계하는 경우가 대부분이다.

그러나 이런 옵션은 회사가 실적을 시현하고 있고, 대주주가 재산이 많으면 실익이 있으나 그렇지 않을 경우 실익이 없다. 대주주의 보통주 구주 중 일부를 인수하는 경우에는 대주주와 상환청구권 약정을 체결하며, 태그얼롱과 드래그얼롱 조건이 추가된다.

드래그얼롱 시에는 대주주의 지분을 묶어서 제3자에게 매각하게 되고, 매각 시에는 대주주에게 우선매수권을 부여한다. 매각완료 시 매각대금에서 재무적 투자자가 선순위로 원금을 먼저 회수할 수 있도록 설계한다. 이 경우 대주주 견제와 무관할 경우 원금 외에 추가수익 보장은 제한된다.

전략적 투자자가 동반투자자로 참여하는 경우 이사회에 사외이사 1명을 파견하게 되고, 전략적 투자자가 대주주가 되는 경우에 전략적 투자자 대상으로 상환청구권 조건을 추가하기도 한다.

투자 나침반을 제대로 읽어라! (14)

| 2대 주주 지분에 대한 투자 성공 사례 : 한미반도체 |

2대 주주 지분에 대한 투자 성공 사례로는 한미반도체를 꼽을 수 있다. 한미반도체는 유가증권 상장사다. 반도체 후공정 장비를 생산하는 우량기업이다.

2013년 한미반도체에 투자하게 된 배경에는 당시 2대 주주 지분을 일부 처분하기 위한 목적이 있었다. 이때 보통주와 교환사채(자사주 담보)에 동시에 투자를 집행했다. 2대 주주 지분만 처분할 경우 보통주만 매입하면 되는데, 교환사채를 동시에 투자하는 이유는 2대 주주가 희망하는 보통주 매각 단가가 시가보다 높은 일종의 매각 프리미엄이 있었기 때문이다.

투자자 입장에서는 시장에서 사더라도 2대 주주가 제시한 가격보다 저렴한 가격에 살 수 있는 상황이었기 때문에 보통주만 매입한다는 것은 위험한 투자였고, 거기에 대한 안전장치로 교환사채를 요구해서 인수할 수 있었다. 교환사채 가격은 시장가에 의해서 결정이 되고, 가격조정 조항도 있었기 때문이다. 시가가 하락하면 투자단가를 낮출 수 있으니 말이다.

장비기업의 주가는 업황에 따라 극심한 롤러코스트를 겪는 편이다. 특히 삼성전자 등 특정 대기업을 단일 고객으로 보유하고 있는 회사는 고객사로의 납품이 끊기면 회사의 존폐까지 걱정해야 하기에 투자에 유의해야 한다.

그림 4-1 | 한미반도체의 주가 추이

자료 : 네이버증권

하지만 반대로, 고객이 다변화되어 있고 기술력이 있으면 안정적이고 꾸준한 성장을 담보할 수 있다. 한미반도체가 바로 그런 회사였다. 한미반도체는 매출처가 굉장히 다변화되어 있어 삼성전자, 하이닉스 등 국내 특정 대기업에 대한 매출 비중이 높지 않았다.

대부분의 국내 장비 업체들이 삼성전자에 납품하기 위해 목을 매는 것과 달리 한미반도체는 일치감치 파운드리의 양대 산맥인 대만 TSMC쪽 공급망Supply Chain에 들어가는 것을 중요한 전략으로 삼았다. 파운드리는 삼성전자와 TSMC가 세계 2강인데, 어느 쪽 공급망에 속해 있느냐가 중요하기 때문이다.

특히 투자 당시 주목한 것은 중국 스마트폰 업체들의 성장이었다. 중국 스마트폰 업체들은 고가의 퀄컴 AP칩을 쓰지 않고, 대만의 미디어텍에서 만든 중저가 AP칩을 쓰거나 아예 자체 생산한 AP칩을 사용했다. 그리고 이를 모두 TSMC에서 수주해서 제작을 했다.

이 지점이 투자의 핵심 포인트다. 중국 스마트폰이 잘 팔리면 TSMC의 수주물량이 늘어나고, 그렇게 되면 TSMC의 공급망에 속해 있는 장비업체들 또한 실적이 좋아지는 그런 구조다.

투자 후에 샤오미, 화웨이, 오포 등 중국 스마트폰 업체들의 실적이 엄청나게 성장했고, 결국 예측은 적중했다. 한미반도체는 2014년 말 훌륭하게 투자금 회수를 진행할 수 있었던 대표적인 사례로 남았다.

4) 바이아웃 투자전략

바이아웃Buy Out 딜은 앞서 설명한 메자닌, 우선주, 보통주 상품이 모두 복합된 투자전략이다. 사모펀드가 선호하는 투자이면서도 투자조건을 설정하기가 가장 복잡한 케이스라고 할 수 있다.

가장 흔하게 사용하는 투자구조는 매도자가 후순위로 펀드에 출자자로 참여하고 수익을 공유하는 것이다. 매도자가 전체 펀드 규모의 30%를 후순위로 설정한다면, 통상적으로 기준수익률 초과수익의 30%를 공유하게 된다. 이 경우 출자자인 LP의 수익률은 떨어질 수밖에 없는 구조로 되어 있다.

매도자가 후순위 설정을 거부하고 전략적 투자자가 펀드에 후순위 출자자로 참여하는 경우에는, 전략적 투자자에게 우선매수권을 부여하고,

전략적 투자자와 투자수익을 공유하기도 한다. 이 경우 전략적 투자자가 우선매수권만 가져가고 투자수익을 공유하지 않으면 LP 입장에서는 가장 이득이 되는 경우라고 할 수 있다.

펀드의 수익률을 높이기 위해서 특수목적회사를 설립하고 인수금융을 일으킨다. 인수금융은 기본적으로 인수하는 주식의 100%를 담보설정하기 때문에, 인수금융 금액 정도 가격에 회사를 매각하면 인수금융 대주단은 손실이 없게 설계를 한다. 단 펀드에 에쿼티^{Equity}로 출자한 출자자는 손실이 발생할 수가 있고, 이 경우를 대비해서 후순위 설정이 필요하게 된다.

예를 들어, 800억원에 회사를 인수(인수금융 400억원, 에쿼티 400억원)하게 되는 경우 600억원에 회사를 매각하면 인수금융 대주단은 100% 원금을 회수할 수 있게 된다. 하지만 펀드 출자자는 200억원만 회수하게 되어 원금손실이 발생하게 된다. 만약 펀드에 후순위 200억원이 설정되어 있다면, 선순위 출자자는 100% 투자금을 회수할 수 있게 된다.

펀드 내에 후순위 출자자 없이 인수금융을 일으킬 경우, 인수금융은 피인수 회사의 현금흐름으로 상환할 정도가 되어야 LP출자자들의 투자를 유도할 수 있다. 즉 현금보유액이 많거나 영업현금흐름^{OCF} 혹은 상각전영업이익^{EBITDA}에 문제가 없어야 한다는 것이다.

인수 후에도 설비투자 소요가 많아서 창출되는 현금의 대부분이 여기로 들어간다면, 은행차입을 일으켜서 인수금융을 상환하거나 매각 후에 인수금융을 상환하게 된다.

투자 나침반을 제대로 읽어라! (15)

| 바이아웃 투자 성공 사례 : 동양매직 |

최근 사모펀드의 업황이 좋아지면서 경영권을 100% 인수하는 바이아웃 투자 사례도 급증하고 있다. 실전 투자 사례를 통해 바이아웃 투자방식에 대한 이해의 폭을 좀 더 넓혀보자. 2014년 동양매직 투자 건이다.

동양매직 투자 건은 NH농협은행 PE단과 글랜우드가 운용사로 참여하고 IBK캐피탈이 LP로 투자에 참여했다. 주요 기관투자자로는 군인공제회, 과학기술인공제회, 우리은행, 서울보증보험 등 14곳이었다.

동양이 보유한 지분 100%를 인수한 딜로, 약 2,900억원이 지분인수에 사용되었다. 인수금융을 사용하지 않고 전액 LP들이 출자한 투자금으로 인수자금이 조달되었다.

통상적으로 IRR^{내부수익률}을 높이기 위해서 인수금융을 사용하는데, 이번 건은 방법을 달리 했다. 투자 이후 동양매직을 렌탈업체로 변모시키기 위해서 대규모 투자가 필요했기 때문이다. 인수금융 사용에 따른 상환부담, 이자부담을 줄이기 위해서 전액 출자를 유치하여 인수한 케이스다.

실제 인수에 필요한 자금은 약 2,900억원이었지만, 운용사에서는 중순위 출자자를 포함하여 약 3,200억원의 펀드를 조성했다. 이는 인수금융을 사용하지 않은 이유와도 일맥상통한다. 동양매직 인수 후에 생활가전업체에서 렌탈업체로 재포지셔닝 하기 위함이었다.

렌탈업을 하기 위해서는 초기에 자본투자^{Capex}가 많이 필요하다. 그렇기 때문에 인수금융을 사용하면 이자를 상환하기 위해서 계속해서 차입을 일으킨 인수목적회사^{SPC}에 배당을 해야 하고 투자여력도 떨어진다. 따라서 인수에 필요한 자금보다 더 큰 금액으로 펀드를 조성해 100% 인수 후 남은 재원으로 유상증자에 참여했다. 유상증자로 초기 자본투자에 대한 재원을 확보함과 동시에 일부 차입금을 상환하면서 이자비용도 줄여나갔다(가중평균차입이자율 10.1%에서 3.6%로 하락).

그 결과 인수 당시 약 50만개였던 렌탈 계정이 2015년 70만개 이상으로 늘었고, 2016년 재매각 시점에는 100만개에 육박했다. 렌탈 계정이 100만개에 도달하자 매각작업을 시작했다. 수많은 사모펀드와 전략적 투자자들이 참여해 경쟁한 끝에 SK네트웍스가 6,100억원에 인수하면서 약 2년이라는 단기간에 2배 이상의 큰 수익을 거두었다.

SK네트웍스 인수 이후 상호는 SK매직으로 바뀌었다. 공격적인 영업을 통해 실적개선이 이루어졌고, 2019년 3분기 기준 누적 매출액 약 6,300억원, 누적 영업이익 670억원을 기록하며 지금은 국내 대표 렌탈기업으로 거듭났다.

6. '펀드 수익률 높이는 수단' 인수금융

통상적으로 경영참여형 사모펀드에서 바이아웃 딜을 할 때는 인수금융을 사용한다.

회사의 지분을 100% 인수하는 바이아웃 딜은 규모가 크기 때문에 사모펀드의 GP가 출자자를 정해진 기간 안에 모으기가 쉽지 않다. 그리고 무엇보다도 펀드의 수익률을 높이기 위해서는 인수금융 사용이 필수적이라고 할 수 있다.

예를 들어, 1,000억원 규모의 바이아웃 딜이 있다고 가정하자. 이 투자를 성사시키기 위해 1,000억 규모의 사모펀드를 조성한 후에 5년 후에 1,500억원에 매각했다면 단순수익률은 50%(수익 500억/원금 1,000억)가 된다.

하지만 1,000억 규모의 바이아웃 딜을 성사시키기 위해서 500억원을 인수금융으로 조달하고, 500억원의 사모펀드를 조성했다고 가정하자. 역시 1,500억원에 매각했다면, 500억원의 인수금융을 상환하고 원금 500억원에 수익 500억원으로 단순수익률은 100%(수익 500억/원금 500억)가 된다. 단순수익률이 50%에서 100%로 상승하게 되는 것이다. 따라서 GP가 성과보수를 받아가는 기준수익률인 IRR^{내부수익률} 기준으로도 2배가 된다.

전자의 경우는 단순수익률 50%에 5년 기간이니 IRR이 10%에 미치지 않아 기준수익률에 미달할 경우 성과보수를 못 받을 수도 있다. 하지만 후자의 경우라면 IRR이 10%를 훨씬 초과하여 GP가 성과보수를 받을 수 있는 수익률을 기록하게 된다.

하지만 반대로 투자 후 회사의 실적이 급격히 나빠져 기업가치가 떨어지는 경우도 있다. 이 경우에는 문제가 발생한다. 통상적으로 인수금융은 만기가 정해져 있는 대출이다. 그런데 만기까지 기업가치가 상승하지 않아서 매각이 안 되면 인수금융을 연장해야 하는데, 기업가치가 떨어졌기 때문에 LTV^{담보인정비율}가 올라가 버리고, 인수금융을 해준 대주단은 인수금융의 상환을 요구한다.

기업가치가 떨어진 상태라 매각을 할 경우 인수금융은 상환할지 몰라도 출자자들의 원금손실이 불가피하다. 배당을 통한 인수금융 상환도 여의치 않다. 결과적으로 인수금융이 연장 되지 않고 상환도 되지 않으면, 인수금융이 디폴트가 나게 되고 대주단은 대규모 충당금을 적립해야 한다.

통상적으로 인수금융은 특수목적회사를 사모펀드 아래에 설립해서 진행한다(기업재무안정 사모펀드를 제외하고 다른 사모펀드는 차입이 불가능하다). [그림 4-2]에서 보는 것과 같이 특수목적회사를 만든 다음에 출자자는 출자형태로, 대주단은 대출 형태로 자금을 공급하게 된다.

인수금융은 일반적으로 텀론Term Loan과 RCFRevolving Credit Facility로 나뉜다.([표 4-9] 참고) 기관투자자들은 주로 중도상환이 없고 만기까지 보

그림 4-2 | 인수금융의 일반적인 구조

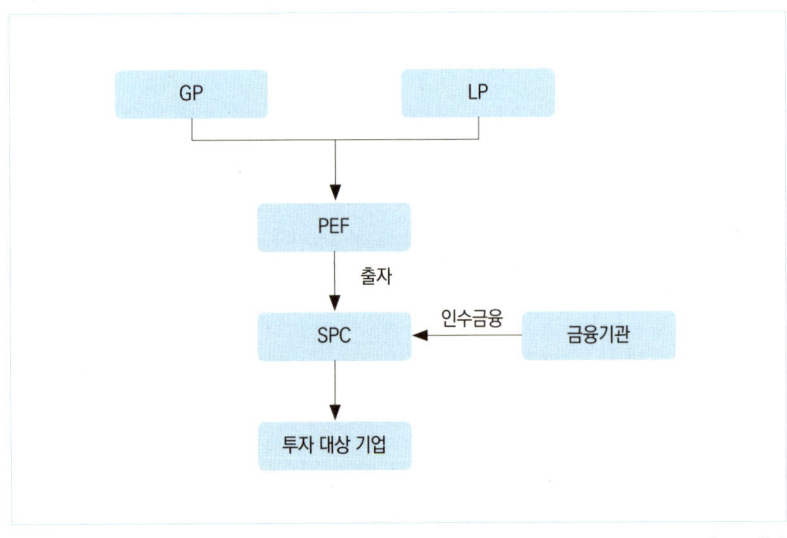

자료 : 저자

유하는 텀론에 참여한다. 트랜치^{Tranche} B인 RCF는 마이너스 통장의 개념처럼 주로 텀론의 이자지급, 거래비용 지급 등을 위해서 개설하는 것이다.

단 차주가 담보물, 유무형자산을 처분하는 경우 의무적으로 조기상환을 해야 한다. 회사의 이익이 증가하여 특수목적회사에 배당을 하는 경우 허용된 배당금 범위 내에서는 상환의무가 면제된다.

그리고 재무약정을 맺어서 인수금융의 디폴트를 막기 위한 장치를 두게 되는데, 통상적으로 사용하는 것이 상각전영업이익 대비 순차입금(Net Debt/EBITDA) 비율이다. 예를 들어, 상각전영업이익이 연간 100억원씩 창출되는 경우 재무약정 비율이 4.0이라면 순차입금을 400억원까지만 유지할 수 있다.

가령 인수한 회사가 기존에 차입금이 없고, 상각전영업이익이 연간 100억씩 창출되는 경우라면 재무약정 비율에 아무 문제가 없다. 하지만 인수한 회사의 매출을 올리기 위해서 추가적인 시설투자가 필요하다면 상황이 달라진다. 창출되는 상각전영업이익만으로 시설투자금이 부족한 경우가 생기게 되고, 이렇게 되면 은행 차입을 해야 한다. 이 경우 대주단 입장에서는 과다한 차입을 막아야 이후 인수금융 상환 리스크를 줄일 수 있다. 그래서 상각전영업이익 대비 순차입금 비율을 정해 통제하는 것이다.

표 4-9 | 인수금융 발행조건표

구분		내용	
		Tranche A (Term Loan)	Tranche B (RCF)
차주명		대상회사 인수를 위해 설립 예정인 SPC	
대출 금액		OOO억원 이내	OO억원 이내
대출 금리		고정금리 5년 AAA 금융채 + OO%	변동금리 3M CD + Spread
대출 만기		최초 인출일로부터 5년	
인출 가능 기간		약정일로부터 3개월 내	최초 이자지급일로부터 만기일 직전 이자지급일까지
인출 방식		일시 인출	인출가능기간 내 수시인출
이자 지급 방법		3개월 단위 후취	
미인출 수수료		없음	미인출잔액의 연 0.5%
상환 방법		만기일시상환	
조기상환	임의조기상환	대리금융기관 앞 5영업일 전 서면통지에 의해 최소 50억원 이상 10억원 배수에 해당하는 금액으로 매 이자지급일에 상환 가능	
	의무조기상환	다음 각 호의 사유 발생 시 순현금 유입일로부터 3영업일 내 조기상환 - 차주의 담보물 처분에 따른 순현금 유입액 - 차주의 유무형자산 처분에 따른 순현금 유입액 - 스폰서의 유상증자 및 주주대여금 등을 통해 차주가 수취하는 현금 - 차주의 후순위 차입(스폰서의 주주대여금 제외)에 따른 현금 - 대상회사의 출자환급(배당금, 유상감자 대금 등)으로 차주가 대상회사의 주주로서 수취하는 순현금 유입액 (단, 허용된 출자환급은 제외하며, 대상회사로부터 수령한 배당금 중 향후 12개월 내에 도래하는 이자지급을 위해 조기상환관리계좌에 예치된 금원은 제외) - 기타 대주단이 합리적으로 요구하는 사항	
조기상환 수수료		최초인출일로부터 [1]년 이내 임의조기상환 시, 조기상환금액의 [1.0]%	
연체 이자		적용금리 + 연 3.0%	
채권 보전 (담보 제공)		1) 차주가 보유하고 있는 대상회사 주식에 대한 1순위 근질권 2) 차주 보유 원리금상환계좌 등에 대한 1순위 근질권 3) 기타 대주단이 합리적으로 요구하는 사항	

구분	내용
인출 선행 조건	다음의 사항을 포함하여 이러한 유형의 거래에 통상적으로 적용되는 사항 - 주식매매계약(SPA)의 체결 / 차주 설립 관련 서류 제출 - 주식매매계약의 적법한 체결과 이행을 위한 차주의 내부승인절차 완료 - 최초인출일의 직전 영업일까지, 스폰서를 포함한 주주의 차주에 대한 최소 출자 금액 납입 완료 - 선순위 대주단 및 중순위 대주단 간의 채권자간 협약서 체결 - 금융계약의 체결 완료 - 금융계약의 적법한 체결 및 이행을 위한 차주의 내부 승인절차 완료 - 금융계약상 지급시기가 도래한 각종 수수료 및 비용의 지급 - 주식매매계약에 따른 매매대금의 지급을 위한 모든 선행조건 충족
인출 후행 조건	- 최초인출일로부터 1영업일 이내에 대상주식에 대한 질권 등록 완료 - 기타 대주단이 합리적으로 요구하는 사항
재무 약정	레버리지 비율을 아래 비율 이하로 유지 | 구분	2020년	2021년	2022년	2023년
---	---	---	---	---
선순위	[4.75]×	[4.50]×	[4.25]×	[4.00]×	 계산식 : 차주 Net Debt + (대상회사 연결기준 Net Debt × 차주 보유 지분율) / (대상회사 연결기준 EBITDA × 차주 보유 지분율)
허용된 배당	재무약정 준수 및 아래 조건 충족으로 배당 가능 | 구분	2021년 말	2022년 말	2023년 말	2023년 말
---	---	---	---	---
배당금	30억원	40억원	50억원	60억원	
치유 권한	레버리지 비율 위반 시 차주는 관련 재무제표 제출기한의 종료일과 실제 제출일 중 먼저 도래하는 날로부터 30영업일 이내 스폰서로부터의 유상증자, 후순위 차입 등을 통하여 치유가능, 해당금원은 의무조기상환해야 함.
기한이익 상실 사유	다음을 포함하되 이에 한하지 않음 - 차주의 금전지급의무의 불이행 - 차주의 재무약정 불이행 및 치유기간 내 치유 불이행 - 차주의 확인 및 준수사항의 허위 또는 불이행 - 차주의 여타 금융채무에 대한 기한이익 상실 - 본 건 금융계약, 주요 인·허가의 위법, 효력 상실 - 인출후행조건 미충족 - 담보권의 효력 상실 - 기타 대주단이 합리적으로 요구하는 사항

자료 : 저자

투자 나침반을 제대로 읽어라! (16)

| 인수금융 실패 사례 : 실트론 |

실트론은 1983년에 설립된 (주)코실로 출발했다. 코실은 동부그룹과 다국적기업 몬산토가 50대 50의 합작으로 설립한 국내 첫 실리콘 웨이퍼 생산 기업이었다. 1987년 100~150mm 웨이퍼 공장을 준공하면서 본격적으로 웨이퍼 사업에 뛰어들었다. 1989년 코실이 동부전자통신으로 이름을 바꿨다.

1990년 LG그룹 계열사였던 럭키소재가 동부전자통신의 경영권을 인수해 (주)실트론으로 이름을 바꿨다. 실리콘 웨이퍼가 회사의 주력 상품으로 자리 잡은 것도 이 시점이다. 1997년 200mm 웨이퍼 공장을 준공하고, 2002년에는 300mm 웨이퍼 공장을 준공하면서 사세를 확장했다.

2007년에는 보고펀드와 KTB PE 컨소시엄이 동부그룹이 갖고 있던 실트론의 지분 49%를 인수했다. 인수 당시 실트론은 국내 유일의 반도체용 웨이퍼 생산업체로 300mm 웨이퍼 분야에서 기술력을 보유한 업체였다. 하지만 2008년 글로벌 금융위기 이후 수요가 줄고, 경쟁이 치열해지면서 웨이퍼 시장이 공급과잉상태에 빠지면서 어려움이 이어졌다.

인수 당시 자금조달 현황을 살펴보자. 보고펀드는 약 4,246억원을 조달했고, KTB는 약 2,800억원을 조달해서 지분 49%를 인수했는데 이중 보고펀드의 지분은 29.4%였다(약 1조 4,442억원 가치로 투자한 것이다).

보고펀드는 4,246억원 중 LP로부터 조달한 투자금을 제외하고 약 1,800억원을 인수금융을 통해서 조달했는데, 우리은행과 하나은행 등이 대주단으로 참여했다. 인수금융의 만기는 3년이었고, 금리는 약 6~8%였다. 당연히 보고펀드가 보유한 LG실트론의 지분(29.4%)이 담보로 제공되었다.

인수 당시만 해도 태양광 업황이 절정에 달해 있었고, 그린에너지 정책으로 웨이퍼 수요에 대한 시장 전망도 밝았다. 하지만 2008년 글로벌 금융위기로 태양광 업황이 악화되고, 각국에서 그린에너지 정책에 대한 보조금을 축소하면서 실적은 꺾이기 시작했다.

사모펀드의 속성 상 실적 개선 후 보유 지분을 처분해서 인수금융을 상환하고 출자자에게 원금 이상을 돌려주어야 한다. 하지만 실적 악화로 매각처를 찾지 못한 보고펀드와 KTB는 인수금융을 상환하지 못했고, 2011년과 2013년 두 번에 걸쳐 차환refinancing을 하게 된다. 결국 보고펀드는 2014년 다시 돌아온 선순위 차입금 만기일까지 투자금을 회수하지 못했고, 인수금융은 디폴트가 되고 말았다.

2014년에 발생한 실트론 인수금융 디폴트 사태는 시장에 상당한 충격을 안겼다. 대주단은 인수금융을 손실로 인식하고, 담보로 취득한 실트론 지분을 매각하려고 했으나 상황이 여의치 않았다. 업황은 쉽게 개선되지 않았다. 이 과정에서 인수금융은 이자 금액과 함께 약 2,700억원까지 불어났고, 매각은 요원한 것처럼 보였다.

그러나 이후 업황이 서서히 개선되기 시작했고, 하이닉스를 인수한 SK가 반도체 부분 수직계열화를 완성하기 위해서 실트론에 관심을 보이기 시작했다. SK는 2017년에 LG로부터 실트론 지분 51%를 6,200억원에 사들였다. 대주단도 보유하고 있던 실트론 지분 29.4%를 2,535억원에 SK

에 매각하면서 자금 회수를 마무리하였다. 실트론은 2017년 8월 SK실트론으로 사명이 변경되었다.

결론적으로 대주단은 인수금융 원금에 대한 손실은 발생하지 않았지만, 이자를 포함한 금액은 전액 회수하지 못했다. 여기에 참여한 LP들은 원금 전액 손실을 기록하면서 딜이 마무리되었다.

투자 나침반을 제대로 읽어라! (17)

| 인수금융 연장 사례 : 딜라이브 |

MBK는 2008년 이민주 회장으로부터 케이블방송업체 C&M을 2조 2,000억원에 인수했다. 이 중 인수금융이 차지하는 비중은 약 1조5,000억원으로 전체 인수대금 중 68%에 달했다.

당시 국내에서는 케이블방송 업종이 성장세에 있었으며, 케이블망을 활용한 초고속인터넷 가입자가 폭발적으로 늘어나고 있던 때였다. 미국의 케이블방송사 가입자당 수익ARPU이 한국보다 월등히 높은 수준이라 한국도 곧 미국시장과 유사하게 흘러갈 것이라고 예측한 듯하다.

하지만 우리나라는 케이블뿐만 아니라 KT와 하나로통신 주도로 전국에 ADSL망이 깔리기 시작했고, 초고속인터넷 가입자 확보를 위한 치열한 전쟁이 시작되었다. 시간이 흐른 뒤에 결국 초고속인터넷 전쟁은 ADSL의 승리로 끝났고, MBK는 가입자당 가치에 비해 너무 고가에 C&M을 인수한 꼴이 되어 버렸다. 당시 케이블 가입자 당 가치를 130만원으로 책정한 것으로 알려졌다. 너무 비싸게 산 탓에 MBK는 아직도

C&M 투자에 대해서 투자금 회수를 못하고 있다.

그 와중에 대주단은 인수금융을 두 차례에 걸쳐서 출자전환 했다. 인수금융을 제공한 대주단은 만기연장 때 금리도 낮춰주면서 디폴트를 막기 위해서 안간힘을 쓰고 있다. 하지만 매각은 아직도 불투명한 상황이다. 아직 이 투자 건이 실패했다고 단정할 수는 없다. 하지만 통상적인 인수금융의 만기를 감안했을 때, 장기간 자금이 묶여 있는 것만은 확실하다.

최근 케이블TV 가입자는 줄고 있지만 IPTV의 가입자는 꾸준히 증가하고 있다. IPTV사업자인 LG유플러스가 CJ헬로비전을 인수했고, SK브로드밴드가 티브로드를 합병하는 등 유료방송 시장이 재편되고 있다. 현재 시장 1위 사업자인 KT가 딜라이브 인수를 검토할 수도 있겠지만, 최근 케이블TV 가입자 증가세가 역성장으로 돌아서면서 이마저도 쉽지는 않아 보인다.

7. 사모펀드의 투자금 회수 전략

1) 배당을 통한 투자금 회수

사모펀드가 바이아웃 딜로 가장 선호하는 회사는 보유현금Net Cash이 많고, 차입금이 없으며, 상각전영업이익EBITDA이 꾸준하며, 향후 시설투자 소요가 없는 경우다. 성장성은 다소 떨어지더라도 꾸준한 현금흐름을 창출하고, 투자가 크게 필요 없는 회사가 매물로서의 가치가 있다고 판단한다.

이는 배당을 통한 회수가 사모펀드 회수 전략의 중요한 부분을 차지하기 때문이다. 현재 재무구조는 좋지 않더라도 성장성이 높은 회사에 베팅해서 상장IPO을 통해서 투자금을 회수하는 벤처캐피탈의 속성과는 확연히 차이가 난다고 할 수 있다.

사모펀드가 바이아웃 딜을 할 때 가장 흔히 사용하는 가치평가 방식이 상각전영업이익배수EBITDA Multiple인데, 이는 사모펀드의 속성을 가장 잘 설명해주는 대목이다.

예를 들어, 한 회사가 창출하는 상각전영업이익의 5배로 경영권을 100% 인수한다고 가정하면 이 회사의 현금으로 투자금을 회수하는 데 대략 5년이 걸린다는 의미다. 물론 인수 당시 이 회사의 보유현금이 많다면 인수 즉시 배당을 통해 투자금을 일부 회수할 수 있기 때문에 회수기간은 더 줄어들 수 있다.

하지만 차입금이나 시설투자 소요가 많으면 이런 가정이 성립할 수가 없게 된다. 아무리 상각전영업이익이 꾸준해도 차입금이 많으면 영업외비용인 이자비용으로 상당수 현금이 빠져나간다. 또 시설투자 소요가 많다면 번 돈을 모두 재투자해야 하는 상황이 올 수 있다. 이 때문에 배당을 통한 투자금 회수는 물 건너가게 된다.

결론적으로 사모펀드의 운용사와 LP들이 가장 선호하는 바이아웃 대상 기업은 배당을 통한 투자금 회수가 가능한 곳이다.

2) 자본 재조정을 통한 회수

최근에는 펀드운용사들이 투자금 회수 전략으로 이른바 리캡Recap을 자주 사용한다. 리캡은 Re-Capitalization을 줄인 말로, 자본을 재조정한다는 의미다.

예를 들어, 2,000억원 가치의 회사를 인수하기 위해서 사모펀드 출자금 1,000억원, 인수금융 1,000억원을 사용했다면 인수금융의 LTV는 50%가 된다. 인수 이후 회사의 실적이 좋아져서 기업가치가 2,500억원 수준으로 올라간다면 LTV는 40%로 조정된다. 앞서 인수금융 받을 때의 기준인 LTV 50%에 맞춰보면 인수금융을 추가로 250억원 조달할 수 있다.

이렇게 추가로 조달한 인수금융을 재원으로 1,000억원을 출자한 출자자들에게 원금배당을 하게 되면, 사모펀드 출자자들은 250억원(출자원금 1,000억원 대비 25%)의 투자금을 회수하게 된다. 이렇게 하면, 펀드 입장에서 IRR이 올라가기 때문에 GP에게 유리해진다.

최근에는 LP출자자 지분 자체를 유동화 하는 사례도 늘고 있다. 앞의 사례에서 1,000억원의 LP출자자 지분 중 300억원을 출자한 LP가 있다고 가정해 보자. 투자 후 기업가치가 올라갔다면, 이 LP의 경우 지분 중 일부를 최초 투자가치 대비 높은 가격으로 다른 LP에게 매각할 수 있다. 매각 후 매각 차익이 남는데, 이를 재원으로 투자금 일부를 회수할 수 있다. 역시 IRR을 높이는 방법이다.

자본 재조정은 LP와 GP 모두에게 의미가 있다. LP 입장에서는 지분 전체를 재매각하지 않아도 투자 이후 비교적 단기간에 투자원금 중 일부를 회수하여 투자금이 장기간 묶이는 것을 방지할 수 있다. GP 입장에서는 투자 이후 비교적 단기간에 투자금 일부를 되돌려 줌으로써 IRR을 높일 수 있다. 향후 성과보수를 받을 수 있는 가능성이 높아진다는 이야기다.

3) 재매각을 통한 회수

배당이나 자본 재조정을 통한 회수 둘 다 안정적이고 LP들이 선호하는 방식인 것은 맞다. 하지만 여기에는 단서가 붙는다. 이런 회수 방식은 꾸준한 현금흐름을 보유하거나 투자 이후 비교적 단기간에 실적이 급상승해야 사용할 수 있다는 것이다.

사모펀드가 인수하는 회사들 중에는 꾸준한 현금흐름을 보유하지 않는 경우도 있고, 차입금이 많아서 창출한 현금을 통해서 매년 상환해야 하는 경우도 많다. 그리고 기업가치를 높이기 위해서 막대한 시설투자가 필요하거나 볼트온$^{Bolt\ On}$ 전략*을 통해서 시장을 재편해야 하는 경우도 있다. 이럴 경우 보유현금이 다량 유출된다.

또한 인수 이후 기존 경영진 및 직원들과의 갈등, PMI$^{인수\ 후\ 통합}$의 실패 등으로 인해 기업의 실적이 단기간에 개선되지 않고 이른바 'J커브'를 그리는 경우가 다반사로 발생하게 된다.

이 경우에는 배당이나 자본 재조정을 통한 회수는 불가능하고, 기업가치 상승을 통한 재매각이 가장 유력한 방법이다.

통상적으로 사모펀드가 바이아웃 이후 상당기간 동안 비효율을 제거하고 기업가치를 제고한 후 재매각을 하기 위해서는 5~10년 정도의 장

---

* 볼트온 전략 : 관련 업종에 속한 유사업체와의 추가적인 M&A를 통해 기존 사업과 시너지를 창출하는 전략.

기간이 소요된다. 인수 후 추가적인 시설투자나 볼트온, 마케팅 전략의 수정으로 기업가치가 올라간다면 이후에 시장에 재매각을 타진하게 된다. 이때 사모펀드나 잉여금이 풍부한 대기업 등이 참여하여 해당 기업을 인수하게 된다. 이를 세컨더리 바이아웃 Secondary Buyout이라고 하는데, 이 내용은 세컨더리 투자 편에서 자세히 설명하겠다

4) IPO를 통한 회수

바이아웃 딜은 통상적으로 100% 지분이나 과반수 이상의 지분을 인수하게 되는데, 이 경우 지분 분산이 제대로 안되어 있기 때문에 바로 상장을 청구하는 것은 불가능하다.

그리고 사모펀드가 최대주주인 회사는 한국거래소에서도 상장에 대해서 우호적이지 않다. 물론 소액주주 보호 차원에서다. 한국거래소 입장에서 사모펀드는 어디까지나 회사를 재매각하는 것이 목표이기 때문에 경영권이 안정적이지 않다고 판단한다.

하지만 최근 약간의 변화기류가 감지되고 있다. 사모펀드의 시장규모가 급속하게 커지면서 사모펀드가 대주주인 회사의 수가 급증하고 있기 때문이다. 한국거래소에서도 1년에 상장시켜야 하는 기업의 수를 조직 내부의 핵심성과지표 KPI로 삼기 때문에, 사모펀드가 최대주주인 회사를 상상 후보군에서 제외한다면 그만큼 상장기업수가 줄어들게 된다.

필자는 긍정적인 변화라고 생각한다. 최근에 사모펀드가 인수하는 기업들은 우량한 기업이 많고, 인수 후 비효율을 제거하고 과감한 시설투자, 볼트온 전략, 혁신적인 마케팅 기법 등을 통해서 기업가치를 제고하

기 때문에 상장 후보군으로 손색이 없다고 생각한다.

지분 분산의 문제는 상장 시점에서 구주 매출과 신주 모집으로 충분히 해결할 수 있다. 경영권 변동과 같은 이슈 또한 잉여금이 풍부한 대기업으로의 인수가 빈번하기 때문에 투자자 보호차원에서도 문제가 없다고 판단된다.

투자 나침반을 제대로 읽어라! (18)

| 사모펀드가 최대주주인 회사도 코스닥 상장, 국내 1호는 인크로스 |

사모펀드가 최대주주인 회사 가운데 코스닥 상장에 성공한 첫 사례가 인크로스다.

인크로스는 2007년에 설립되어 미디어렙, 동영상 광고 플랫폼 등의 사업을 영위하는 회사다. 2015년 당시 미디어렙 사업에서 안정적인 시장점유율을 확보하고 동영상 광고 플랫폼을 성장동력으로 사업을 확대하고 있었다. 하지만 회사의 사업과 직접 관련이 없는 게임사업에 진출해 적자를 시현하고 있었고, 대주주는 회사 매각을 원했다. 이후 IBK캐피탈이 LP로 참여하고 스톤브릿지가 운용사로 경영권을 인수했다.

향후 전통적인 광고시장의 축소, 모바일 광고 시장의 성장성을 높이 평가한 스톤브릿지에서 대주주와 접촉하여 인수결정을 내렸고, 스톤브릿지는 출자자를 모집하여 최대주주 지분을 인수하게 된다. 인수 이후 게임사업은 매각하고 본연의 사업인 미디어렙과 동영상 광고 플랫폼 사업에 집중했다. 회사는 실적 턴어라운드를 이뤄냈다.

그림 4-3 | 디지털 광고 시장의 사업 영역

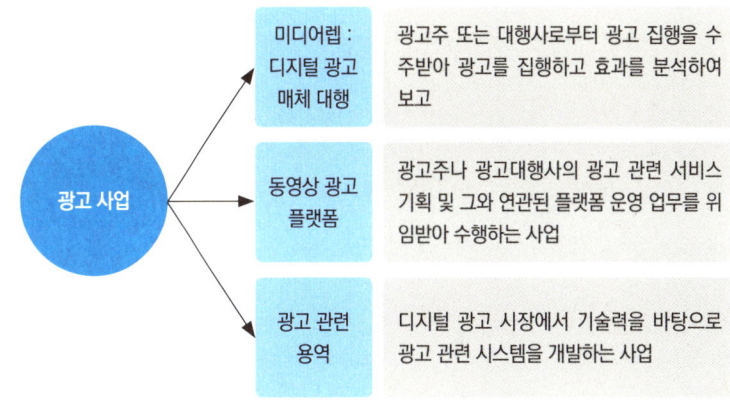

자료 : 인크로스 IR 자료

운용사에서는 투자금 회수 전략을 투트랙으로 수립했다. 제3자 매각 추진과 함께 이것이 여의치 않을 경우를 대비해 상장을 추진하는 것이다. 국내 주요 전략적 투자자들을 대상으로 매수자를 물색하는 한편 코스닥 상장이 추진됐다.

마침내 인크로스는 2016년 10월 코스닥 시장에 입성했다. 인크로스의 상장은 사모펀드가 최대주주로 있는 회사의 국내 1호 코스닥 상장사례다. 운용사는 상장과 동시에 구주 매출을 시행하여 일부 투자금을 회수하였다. 또 향후 성장성을 고려하여 나머지 지분은 계속 보유하는 전략을 택했다. 최대주주는 상장 후 보호예수의무가 있기 때문에 기술적으로도 상장과 동시에 지분을 매각할 수는 없었다.

상장 이후에도 인크로스의 실적은 꾸준히 개선되었고, 운용사에서 지

그림 4-4 | 인크로스의 주가 추이

자료: 네이버증권

속적으로 전략적 투자자들을 대상으로 매수자를 물색한 결과 NHN에서 인크로스를 매수하기로 결정됐다. 이로써 운용사는 잔여 지분을 매도한 후 투자금 회수를 성공적으로 마무리 지었다.

인크로스가 사모펀드 최대주주의 1호 상장사례를 만든 후 삼양옵틱스(사모펀드 VIG가 최대주주)도 상장에 성공하면서, 이후 IPO가 사모펀드의 투자금 회수 전략의 하나로 자리 잡게 되었다.

✓ 체크 포인트

① 사모펀드는 2004년 국내 본격 도입 이후 대형 기관투자자들의 전유물로 인식돼 왔다. 하지만 지금은 상황이 다르다. 최근에는 개인투자자들도 증권사 PB창구를 통해 신탁 형태로 출자하는 사례가 크게 늘고 있다.

② 사모펀드는 경영참여형 사모펀드와 전문투자형(한국형 헤지펀드) 사모펀드로 나뉜다. 경영참여형 사모펀드는 경영권 참여, 사업구조 개선 등을 위해 지분증권 등에 투자 및 운용하는 합자회사 형태의 집합투자기구다. 전문투자형 사모펀드는 그 외 나머지 집합투자기구를 가리킨다.

③ 창업벤처전문 사모펀드는 창업벤처기업 등의 성장기반 조성 및 건전한 발전을 위해 운용하는 펀드다. 기업재무안정 사모펀드는 재무구조개선기업의 경영정상화 및 재무안정 등을 위해 운용하는 펀드다.

④ 블라인드 펀드는 투자 대상을 특정하지 않고 투자 콘셉트만 설정한 다음에 자금을 모집해서 투자하는 방식이다. 이에 비해 프로젝트 펀드는 투자 대상을 특정한 다음에 자금을 모집해서 투자한다.

⑤ 사모펀드 투자전략에는 주식연계형 채권, 상환전환우선주·전환우선주, 보통주, 바이아웃 투자전략 등으로 세분화된다. 사모펀드의 투자금 회수 전략 역시 배당, 자본 재조정, 재매각, IPO 등으로 구분된다.

5장

'저평가 공모주를 잡아라' 공모주 투자

1. 상장방식 다각화로 시장을 키운다

공모주는 신규상장을 앞둔 기업이 공모를 통해 자본시장에서 자금조달을 할 경우, 개인투자자들이 일반청약을 통해서 해당 기업의 유상증자에 참여를 하는 것이다. 사모를 통한 제3자 배정 유상증자가 일반 개인투자자까지 확대된 개념으로 이해하면 된다.

사모를 통한 제3자 배정 유상증자는 일반적으로 소수의 기관투자자들을 대상으로 하는데, 공모라는 것은 기관투자자(기관청약)를 포함해서 일반 개인투자자(일반청약)까지 범위를 확대해서 투자금을 유치하는 것이다. 통상적으로 전체 공모물량의 80%는 기관에게 배정되고 20%는 개인에게 배정된다.

정확한 이해를 위해서 공모와 사모의 개념부터 확실히 하는 것이 중요하다. 공모는 49명이 넘는 투자자에게서 투자금을 모집하는 것이고, 사모는 49인 이하의 투자자들로부터 투자금을 모집하는 경우가 해당한다.

상장을 위해서는 지분 분산을 해야 하고, 이를 위해서는 소수의 기관투자자뿐만 아니라 불특정 다수의 개인투자자들로부터 투자자금을 유치해야 하기 때문에 투자자는 49인이 넘어갈 수밖에 없다. 그러니 이런 경우는 공모에 해당한다.

반면 앞에서 설명한 사모펀드의 경우 소수의 투자자들로부터 사모의 방식으로 투자금을 유치해서 투자를 하기 때문에 49인 이하인 경우가 대부분이다.

최근에는 사모의 기준을 100인으로 바꾸려는 법 개정 움직임이 있다.

공모주 투자를 제대로 이해를 하기 위해서는 국내 상장제도에 대해서 잠깐 살펴볼 필요가 있다. 과거에는 상장제도가 단순해서 이해하기 쉬웠다. 최근에는 기술성 평가 특례상장, 사업모델 평가 특례상장, 이익미실현 기업 상장, 성장성 평가 특례상장 등 다양해지는 추세다.

과거에는 유가증권시장, 코스닥시장에 상장하기 위해서는 일정 수준의 매출액과 이익이 발생해야 했다. 상장예비심사 외형요건을 보면 매출액, 당기순이익, ROE*, 자기자본, 시가총액 등 여러 가지 재무와 관련된 요건들이 많다. 기본적으로 어느 정도의 매출액과 이익이 발생하지 않으면 상장이 어려운 구조였다. 이렇게 외형요건 위주로 상장기업 심사를 한 이유는 상장 이후 혹시라도 있을 수 있는 디폴트에 따른 투자자 피해 방지를 위해서다.

외형요건에 추가적으로 질적요건이란 것을 심사하는데, 기업경영의 계속성, 기업경영의 투명성, 경영안정성 및 주주이익 보호 등이 해당한다. 특별한 문제가 없으면 통과가 되는 방식이었다.

---

* ROE : Return on Equity. 자기자본이익률 = 순이익÷자기자본×100(%)

공모자금은 성장하는 기업이 매출이나 이익창출 기반을 확대하는 데 활용할 수 있도록 중점적으로 지원되어야 한다. 그러나 과거에는 성장 가능성이 높은 기업을 발굴, 지원하기보다는 이미 안정된 기업들의 자금 확보 및 지분가치 증대 수단으로 활용된 측면이 강했다.

그리고 상장주관사인 증권사가 기업을 상장시키는 과정에서 혁신기업 발굴, 기업가치 평가, 투자자 모집 등과 관련된 주관사의 적극적인 역할이 부족하다는 지적이 있었다. 이미 안정된 기업을 상장시키면서 지분매각을 중개하고 수수료만 챙긴다는 비판도 있었다.

이후 나스닥을 벤치마킹해서 이익미실현 기업(적자기업)도 상장할 수 있는 토대를 만들었고(이를 테슬라 요건이라 한다), 주관사 추천에 의한 특례상장, 사업성 평가를 통한 상장제도 등이 쏟아져 나오게 된다.

이런 다양한 상장방식은 재무적인 요건이 미비한 기업들 또한 상장할 수 있는 길을 열었다. 기존 바이오 헬스케어 기업들이 주로 활용하던 기술성 평가 특례상장 제도와 더불어 국내도 이제 선진국 못지않은 다양한 상장 제도를 마련하게 되었다.

표 5-1 | 상장 방식의 다각화

구분	기존 방식		추가된 방식	
상장 방식	일반상장1 -이익실현기업	특례상장1 - 기술성평가특례 - 사업모델평가특례	일반상장2 - 이익미실현기업 일반상장(테슬라 요건)	특례상장2 - 주관사 추천에 의한 성장성평가특례상장
환매청구권	없음	없음	3개월 (기주관사 면제)	6개월 (기주관사 면제)

자료 : 금융위원회

특히, 2020년부터는 코스닥시장 뿐만 아니라 유가증권시장도 차세대 기업 수용을 위해 과거 재무성과 중심의 진입제도를 미래성장성 중심으로 전환하겠다고 발표한 상태다. 미국도 다우존스와 나스닥이 경쟁하듯이, 국내도 유가증권시장과 코스닥시장이 혁신기업의 상장을 위해서 경쟁한다면 투자자들에게 분명히 더 많은 투자기회가 있으리라 생각한다.

2. '바이오기업들이 주목하는' 기술성 평가 특례상장

기술성 평가 특례상장이란, 기술성 및 사업성이 우수한 기업의 핵심기술을 공인된 기술평가기관이 객관적으로 평가해서 상장하는 제도다.

공인된 평가기관이 해당 기업의 기술을 심사해 등급을 부여하게 되는데, 2개 기관으로부터 최소 A, BBB를 획득해야 기술성 평가에 통과하게 된다. 그래야 거래소에 상장예비심사 청구서를 접수할 수 있다.

통상적으로 기술을 평가해서 등급이 나올 때까지 기간은 4~6주 정도 소요가 되는데, 업종별로 보면 기술성 평가를 신청하는 기업은 바이오

표 5-2 | 기술성 평가 기관

구분	기관명
TCB(4곳)	기보, KED, 나이스평가정보, 이크레더블
연구기관(7곳)	한국보건산업진흥원, 한국과학기술연구원, 한국과학기술정보연구원, 한국산업기술평가관리원, 한국전자통신연구원, 정보기술진흥센터, 한국생명공학연구원

자료 : 금융위원회

헬스케어 기업이 압도적으로 많다.

2005년 시행하여 그 해에 바이로메드(유전자 치료제), 바이오니아(분자진단)가 상장한 이후 2019년 말까지 기술성 평가를 통해 상장한 회사는 총 87개사다. 대부분이 바이오 헬스케어 기업이고, 그렇지 않은 경우는 20개사에 불과했다. 하지만 최근에는 일반기업의 기술성 평가를 통한 상장이 늘어나고 있는 추세다. 기술성 평가 특례상장 업종의 다변화가 일어나고 있는 것이다.

흥미로운 대목은, 기술성 평가를 통해서 상장한 기업 중 시가총액 5위

표 5-3 | 시가총액 상위 기업(기술성 평가 특례상장 기업, 2019. 12. 26. 기준) (단위 : 억원)

순위	기업명	특징	공모 당시 시총	'19.12.26. 시총	변동률(%)
1	헬릭스미스	3상	1,404	18,224	1,198.0
2	제넥신	기술이전	1,086	13,731	1,164.4
3	신라젠	3상	9,242	9,876	6.9
4	에이비엘바이오	3상	6,688	9,808	46.7
5	알테오젠	기술이전	1,451	8,574	490.9

자료 : 한국거래소

표 5-4 | 매출 규모 상위 기업(기술성 평가 특례상장 기업)

기업명	내용
아스트	항공기부품
텍스터	영화 등 시각효과
파크시스템스	전자현미경
샘코	항공기부품
나무기술	클라우드 솔루션

자료 : 한국거래소

그림 5-1 | 기술성 평가 특례상장 기업 수 변화 추이

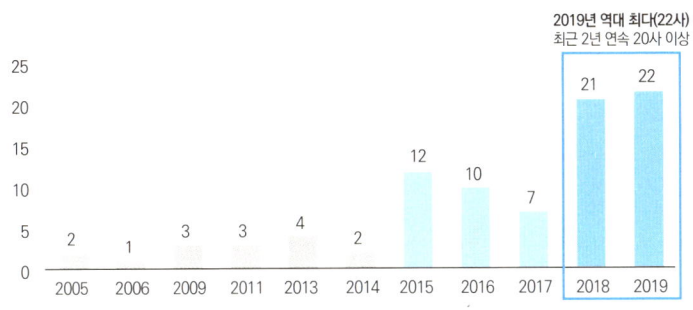

업종	2014년	2015년	2016년	2017년	2018년	2019년
바이오	1	10	9	5	15	14
비(非)바이오	1	2	1	2	6	8

자료 : 한국거래소

표 5-5 | 기술성 평가 특례상장 기업 구분

연도	바이오 헬스케어	비(非)바이오
2005년	바이로메드 등 2개	-
2006년	크리스탈 1개	-
2009년	제넥신 등 3개	-
2011년	인트론바이오 등 3개	-
2013년	레고켐바이오 등 4개	-
2014년	알테오젠 1개	아스트 1개
2015년	펩트론 등 10개	덱스터 등 2개
2016년	큐리언트 등 9개	옵토팩 1개
2017년	피씨엘 등 5개	샘코 등 2개
2018년	엔지켐생명과학 등 15개	나무기술 등 6개
2019년	지노믹트리 등 14개	나노브릭 등 8개

자료 : 한국거래소, NH투자증권

안에 드는 기업은 모두 바이오 헬스케어 기업 중 신약개발 기업이고, 매출액 순위 5위 안에 드는 기업은 모두 일반기업이라는 점이다.

투자자 입장에서 기술성 평가 특례상장 기업에 투자할 경우 현재까지는 바이오 헬스케어 기업, 그 중에서도 신약개발 기업에 투자하는 것이 가장 높은 수익을 안겨준 셈이다.

이 제도는 과거 중소기업만 신청할 수 있었다. 최근에는 스케일업 기업(2사업연도 평균 매출액 증가율이 20% 이상인 비중소기업) 및 해외 진출 기업도 이 제도를 활용할 수 있도록 이용 대상을 확대했다. 기술성 평가 특례상장 안에서도 나름 제도를 개선해 상장 기업의 다변화를 꾀하고 있는 것이다.

투자 나침반을 제대로 읽어라! (19)

| 기술성 평가 특례상장, 이제 바이오 기업들만의 '잔치' 아니다 |

바이오 헬스케어 기업들이 주로 기술성 평가를 통해서 상장하는 데 비해서 일반기업들이 기술성 평가를 통해서 상장하는 경우는 상대적으로 적다. 그래서 일반기업이 기술성 평가를 통해 상장한 사례는 그 자체로 화제성이 있다. 특히 평가등급이 월등한 경우라면 더더욱 그렇다.

나노브릭은 신소재 전문기업이다. 전기장 혹은 자기장에 따라 유체 내의 나노 입자의 위치 및 간격을 미세조절 함으로써 컬러나 투과도가 자유롭게 조절되는 신기능성 소재를 개발하여, 이 소재를 잉크, 캡슐, 필름 형태로 생산하는 업체다. 이 기술을 기반으로 M-Tag라는 위조방지

솔루션을 개발하여 화장품회사, 주류회사 등에 납품하기도 했다.

IBK캐피탈에서도 2014년에 투자한 바 있다. 투자 당시 100건 이상의 특허가 출원된 상태였으며, 이미 등록된 특허도 상당수인 기업이었다. 하지만 보유한 핵심기술을 바탕으로 자체 생산을 시도하다가 무리한 시

표 5-6 | 나노브릭의 공모 개요

증권의 종류	증권수량	액면가액	모집(매출) 가액	모집(매출) 총액	모집(매출) 방법
기명식보통주	456,000	1,000	16,000	7,296백만원	일반공모

인수인	인수 수량	인수 금액	인수대가	인수 방법
KB증권	456,000	7,296백만원	291,840,000 (4%)	총액인수

자료 : 금감원 전자공시

그림 5-2 | 나노브릭의 주가 추이

자료 : 네이버증권

설투자가 발목을 잡았다. 영업실적이 다소 부진하여 상장이 어려운 상황이었다.

이에 주관사와 상의 끝에 보유 핵심기술에 대한 기술성 평가를 통해 특례상장을 추진하는 것으로 전략을 수정하였다. 2019년 4월에 2개 기관으로부터 각각 기술성 평가등급 AA를 획득했다. 통상적으로 A, BBB 혹은 A, A로 통과하는 경우가 대부분인 기술성 평가 결과에 비춰보면 아주 높은 등급이다. 평가등급만으로도 이목을 집중시키기에 충분했다. 우수한 기술성 평가등급을 기반으로 곧바로 상장예심청구를 했고, 2019년 8월에 성공적으로 증시에 입성하였다.

KB증권이 주관사를 담당하였으며, 공모가 밴드는 1만8,000~2만2,000원이었으나 확정 공모가가 1만6,000원으로 다소 낮아지면서 아쉬움을 남겼다. 하지만 총 73억원의 공모자금을 확보하면서 추가적인 연구개발과 영업력 확대를 꾀할 수 있게 되었다.

투자 나침반을 제대로 읽어라! (20)

| 점점 까다로워지는 바이오 기업의 상장 |

국내에는 기술성 평가를 통해 상장한 수많은 바이오 헬스케어 기업이 존재한다. 2005년 헬릭스미스(구 바이로메드) 이후로 67개의 바이오 헬스케어 기업이 기술성 평가를 통해서 상장했다. 이들 기업 중 의미 있는 R&D 성과를 도출해서 기술료 수입을 통해 재무적으로 흑자전환한 기업들(앱클론, 레고켐바이오, 인트론바이오 등)도 있지만, 대부분의 기업들은

기술수출 실적이 전무하거나 10년 이상 적자만 계속 시현하고 있다.

상황이 이렇다보니 거래소에서는 바이오 헬스케어 기업의 기술성 평가 특례상장 과정에 보다 더 높은 기준을 적용하기 시작했다.

과거에는 바이오 기업의 특례상장 시 지적재산권의 보유 여부, 기술의 완성도 및 차별성, 연구개발 수준 및 투자규모, 기술인력의 전문성이라는 다소 모호하고 구체적이지 않은 기준을 가지고 심사를 했다. 하지만 최근에는 규정을 바꾸어서, 원천기술 보유 여부 및 기술이전 실적, 복수 파이프라인 보유 여부, 임상 돌입 여부, 제휴사와의 공동연구개발 실적 및 계획, 핵심 연구인력의 과거 연구실적 등 구체적인 기준을 제시하기 시작했다.

이렇게 되면, 회사가 원천기술을 반드시 보유해야 하고 최소한 1개 이상의 기술이전 실적을 보유해야 한다. 그리고 단일 파이프라인으로는 상장이 힘들어진다. 과거에는 전임상 단계에서 상장 시도를 하는 기업들도 있었지만 이제는 핵심 파이프라인의 경우 1상이나 2상 정도에는 진입해 있어야 상장 가능성이 높아진다.

물론 이런 기준도 완벽하지는 않아 업계에서 논란이 있을 수도 있다. 특히 원천기술 보유 여부에 대해서는 이른바 NRDO$^{No\ Research\ Development\ Only}$ 모델을 가진 회사들이 원천기술을 돈을 주고 사와서 개발만 하는 경우가 있는데, 국내 상장 기준으로 보면 인정해 주지 않겠다는 이야기다.

최근 브릿지바이오의 사례를 보면 외부에서 원천기술을 도입해서 개발하는 NRDO 모델로 대형 기술수출 계약을 체결했다. 때문에 이런 회사들에 대한 기술성 평가와 상장심사를 어떻게 할지가 논란의 핵심이다.

필자는 아무리 NRDO 모델이라고 하더라도 대형 기술수출 계약을 체결했다면 이는 개발능력이 검증된 것이라고 봐야 한다고 생각한다. 이런 기업들은 결국 기술성 평가를 통과할 것이다. 평가를 통과한다면, 이를 통한 상장 역시 가능하다고 본다. 그게 안되면 창구를 바꿔 성장성 평가 특례상장 등에도 도전해볼 수 있을 테니 말이다.

3. '사업성이 평가 좌우한다' 사업모델 평가 특례상장

사업모델 평가 특례상장이란, 성장 가능성이 높은 기업이 사업성을 중심으로 평가를 받아 상장하는 제도다. 여기서 핵심은 지식 기반의 독창적 사업모델의 보유 여부다. 코스닥시장 상장규정을 보면, 사업성 평가 항목에서는 시장매력도, 사업모델의 타당성, 사업모델의 경쟁우위도, 사업경쟁력을 따진다.

사실 이 제도는 2017년에 도입되었는데, 그동안 상장을 시도한 기업이 없었다. 최근에서야 번역솔루션 기업인 플리토가 한국투자증권을 주관사로 상장하면서 비로소 물꼬를 텄다.

그렇다면 그동안에는 왜 사업모델 평가를 통한 상장사례가 없었을까?

기술기반기업에 대한 평가는 보유 중인 지식재산권 보유현황, 매출액 대비 연구개발비 투자비중, 기술인력의 수준 등을 통해 나름 수치화 할 수 있는 자료들을 만들 수 있다. 반면에 사업모델기업의 경우는 이야기가 다르다.

표 5-7 | 사업모델 평가 특례상장 기업

1호	플리토	2019년 7월 상장	인공지능번역, 아케이드, 전문번역 중개 등 서비스 운영 플랫폼 보유 기업으로, 최근 연평균 60%의 매출액 성장세 기록
2호	캐리소프트	2019년 10월 상장	키즈 콘텐츠 IP(Intellectual Property)를 기반으로 자체 기획·제작한 콘텐츠(동영상, 애니메이션, 음악) 서비스 기업으로, 유튜브 구독자수 약 380만명 확보

자료 : 한국거래소

평가 기준으로 제시하는 사업성(시장매력도, 사업모델의 타당성, 경쟁우위, 사업경쟁력), 자원인프라(경영역량, 개발역량) 등은 판단하는 사람에 따라 상당히 주관적일 수 있는 요소가 많다. 사실 이런 지표들은 수치화하기 어렵고, 그로 인하여 자칫 잘못하면 특혜 시비가 불거질 수도 있다. 기업이나 거래소 모두 이 제도를 활용하는 데 소극적이었던 이유 또한 이와 무관해 보이지 않는다.

하지만 최근 거래소에 변화의 움직임이 있다. 바이오 기업의 상장에 보다 엄격한 잣대를 꺼내 든 것이 그 단적인 예다. 거래소가 바이오 기업과 비非바이오 기업 간의 형평성에 대해 많이 고민한 것 같다.

좀 더 지켜봐야겠지만, 사업모델 평가를 통한 특례상장 사례가 일단 나온 이상 보다 많은 시도들이 뒤를 이을 것으로 보인다. 주관사들도 높은 수수료를 챙기기 위해서라도 더 관심을 가질 것이다. 투자자들 역시 마찬가지다. 이익미실현 기업이지만 차별화된 사업모델을 보유했다고 판단할 경우 적극적으로 이 제도를 통한 투자금 회수를 추진할 테니 말이다.

투자 나침반을 제대로 읽어라! (21)

| '사업성만 좋아도 상장한다' 국내 1호 사업모델 특례상장 : 플리토 |

플리토는 국내에서 사업모델 특례상장 사례 1호다. 인공지능 번역솔루션을 개발하는 회사다. IBK캐피탈에서도 2018년에 보유 중이던 세컨더리 투자조합을 통해서 이 회사에 투자를 집행했다. 2019년 7월 상장에 성공하면서 자본차익을 시현하였다.

플리토는 플랫폼인 Flitto를 통해 수집된 말뭉치Corpus를 집단지성, 검수과정을 거쳐 정제한 후 언어 데이터를 필요로 하는 국가 연구기관, IT 기업고객에게 판매하는 사업모델을 가지고 있다.

기존의 타사는 소수의 해당 언어 전문가를 고용하거나 외부 의뢰를 통해 말뭉치를 생산했다면 플리토는 이와는 다른 방식으로 고품질의 제품을 출시한 것이다. 집단지성 방식의 플랫폼 활용이 바로 그것이다. 다수의 플랫폼 참여자가 상호 검토하여 정제된 말뭉치를 생산함으로써 시간과 비용 모두를 줄일 수 있었다.

플리토는 다수의 참여자 유입을 위해 단순히 금전적 보상을 제시하는 수준에서 그치지 않고 언어학습이라는 부가적인 효익을 제시했다. 그 덕분에 적극적인 마케팅 없이도 실제 플랫폼 내 참여자들의 활동이 매우 활발하게 이루어지고 있다.

플리토는 한국투자증권을 주관사로 하여 공모절차를 진행하였고, 사업모델 평가에서 2개 기관으로부터 각각 A 등급을 획득한 후에 상장예비심사 청구를 하였다. 비교적 높은 등급을 획득한 것이다. 당시 공모가

표 5-8 | 플리토의 공모 개요

증권의 종류	증권수량	액면가액	모집(매출) 가액	모집(매출) 총액	모집(매출) 방법
기명식보통주	1,473,486	500	26,000	38,310,636,000	일반공모

인수인	인수 수량	인수 금액	인수대가	인수 방법
한국투자증권	1,473,486	38,310,636,000	1,768,977,990(4.6%)	총액인수

자료 : 금감원 전자공시

그림 5-3 | 플리토의 주가 추이

자료 : 네이버증권

밴드는 1만 9,000~2만 3,000원이었는데, 엄청난 흥행에 성공하면서 최종 공모가가 2만 6,000원에 확정되었다. 회사는 383억원의 공모자금을 확보할 수 있었다.

증시가 침체된 상황에서 굉장히 성공한 상장 케이스라고 할 수 있다. 플리토는 상장 후에도 비교적 우량한 주가 흐름을 이어가고 있다.

4. '적자기업에게도 문 연다' 이익미실현 기업의 상장

이 제도는 이익을 내지 못하고 있는 기업이라도 상장승인을 내주는 제도다. 단 상장 이후 매출액 및 이익이 급격히 증가해서 이른 시일 내에 흑자전환을 할 수 있는 기업이 대상이다. 미국의 대표적인 전기차 업체인 테슬라가 적자상태에서 나스닥에 상장해서 글로벌기업이 된 사례를 국내 증시도 적극적으로 벤치마킹해야 한다는 취지에서 테슬라 상장이라고도 한다.

그렇다면 이런 기업을 어떻게 판단할 수 있을까?

규정을 보면, ①시가총액 500억원 이상이면서 직전 매출액 30억원 이상이고 직전 2년 평균 매출증가율도 20% 이상인 기업이거나 혹은 ②시가총액 500억원 이상이면서 공모 후 주당 순자산가치 대비 공모가^{PBR} 200% 이상인 기업이다.

최근에는 3가지가 더 추가되었다. 시가총액 1,000억원, 자기자본 250억원, 시가총액 300억원이면서 매출액 100억원 이상이다. 기존 규정이 복잡하니 더 단순화해서 단독요건으로 시가총액 또는 자기자본 한 가지만 충족해도 된다.

다시 말해, 시가총액은 아직 상장 전이니 향후 설정된 공모가를 기준으로 시가총액이 500억원이 넘으면 된다. 상장예비심사 청구를 하는 시점에서 전년도 매출액이 30억원 이상이고, 직전 2년 평균 매출액 증가율이 20% 이상이어야 한다는 것이다.

예를 들면 2019년에 상장예비심사 청구를 하는데 2018년도 매출액이 50억원, 2017년도 매출액 30억원, 2016년도 매출액 20억원 정도면 충족한다. 그리고 향후 설정될 공모가 기준으로 시가총액이 500억원이 넘으면 된다(현재 이익을 시현하고 있는 기업의 경우 공모가 기준으로 시가총액이 300억원을 넘으면 된다).

외형요건만 보면 그리 어렵지는 않다. 하지만 주관사인 증권사가 시가총액 500억원을 넘기기 위해서 무리한 공모가 산정이 나타나지 않도록 상장 후 3개월간 일반청약자에게 환매청구권을 부여하게 되어 있다. 상장 후 3개월 내에 공모가의 90% 밑으로 주가가 떨어지면 고스란히 증권사가 일반청약자의 환매청구 물량을 받아주어야 한다는 것이다.

그렇기 때문에 증권사에서는 상장대상기업을 선정하기 위해서 신경을 쓸 수밖에 없고, 상장 후에도 성장성을 이어갈 수 있는지, 흑자전환을 할 수 있는지를 꼼꼼히 따지게 된다. 그래야 주가가 공모가 이상으로 유지가 되고, 증권사가 받아줘야 하는 환매청구권에 대한 부담도 없어진다.

증권사 입장에서는 분명히 리스크가 있다. 이미 흑자이고 매출액과 이익이 꾸준히 성장하고 있는 비상장기업을 주관해도 되는데 말이다. 왜 이렇게 불확실성이 높은 기업의 상장주관을 할까?

무엇보다 첫 번째는, 주관사가 챙기는 수수료 때문이다. 통상적으로 테슬라 방식으로 상장하는 기업의 주관수수료는 흑자를 시현하고 있는 기업보다 비싸다. 통상 흑자를 시현하고 있는 기업들의 경우 주관수수료가 2~3%다(물론 이것도 공모규모에 따라서 다르다). 반면에 테슬라 상장은 주관수수료가 이것보다 훨씬 높다.

그리고 발행기업의 신주인수권도 상당한 유인이다. 주관사는 특례상장, 환매청구권 등의 서비스를 제공하는 대가로 수수료 이외에 발행기업의 신주인수권을 받을 수 있도록 허용하고 있다. 주관사 입장에서는 수수료만 받는 수동적인 입장에서 벗어나 신주인수권을 받아 직접 주식을 인수함으로써 투자수익까지 노릴 수 있기 때문이다.

카페24가 2018년 2월 테슬라 방식으로 최초 상장한 이후 2019년에 제테마, 리메드 2개사가 신규 상장되었다. 앞으로도 점차 더 늘어날 전망이다.

투자 나침반을 제대로 읽어라! (22)

| '적자여도 상장한다' 테슬라 상장 국내 1호 : 카페24 |

국내에 테슬라 제도를 통한 상장규정이 2017년부터 시행되었지만, 2018년까지 이 제도를 통해 상장한 기업은 카페24가 유일했다. 주관사는 미래에셋대우와 유안타증권이었고, 2018년 초에 상장했다.

카페24는 전자상거래기업에게 쇼핑몰 솔루션, 광고·마케팅, 호스팅 인프라 등 다양한 서비스를 원스톱으로 제공하는 기업이다. 2016년은 적자를 기록했다. 상장을 위해서 2017년 3분기까지 실적을 제출했는데 연결기준으로 매출액 978억원, 당기순이익 32억원을 기록하여 2017년 온기 기준으로 흑자전환 가능성이 높은 상황이었다.

과거에도 호스팅 인프라를 제공하는 기업은 많이 있었지만 카페24처럼 전자상거래에 필요한 모든 서비스를 원스톱으로 제공하는 기업은 많지 않았다. 한마디로 시장에서 희소성이 있었다. 모바일 쇼핑의 확산으로 전자상거래 시장규모가 급속하게 커지고 있는 상황이었기 때문에 시장에서 카페24의 성장성에 대해서 높은 점수를 주고 있었다. 따라서 주관사는 테슬라 요건으로 상장청구를 했고, 상장 이후 주가는 급등했다.

당시 공모가 밴드는 4만3,000~5만7,000원으로 책정되었는데, 가장 상단인 5만7,000원에 최종 공모가가 확정이 되었다. 카페24는 총 513억원의 공모자금을 모으는데 성공했다.

상장주관사도 [표 5-10]에서 보는 것과 같이 카페24의 신주인수권을

표 5-9 | 카페24의 공모 개요

증권의 종류	증권수량	액면가액	모집(매출) 가액	모집(매출) 총액	모집(매출) 방법
기명식보통주	900,000	500	57,000	51,300백만원	일반공모

인수인		인수 수량	인수 금액	인수대가	인수 방법
대표	미래에셋대우	315,000	17,955백만원	884,925,000(4.9%)	총액인수
대표	유안타증권	315,000	17,955백만원	628,425,000(3.5%)	총액인수
공동	한화투자증권	270,000	15,390백만원	538,650,000(3.5%)	총액인수

자료 : 금감원 전자공시

표 5-10 | 상장주관사의 카페24 신주인수권 취득 현황

취득자	취득수량	취득금액	비고
미래에셋대우㈜	10,263주	584,991,000원	코스닥시장 상장규정에 따른 상장주선인의 의무인수분
유안타증권㈜	7,280주	414,960,000원	

자료 : 금감원 전자공시

그림 5-4 | 카페24의 주가 추이

자료 : 네이버증권

취득하였는데, 보호예수가 끝나는 3개월 뒤에 주식을 매각하여 큰 차익을 시현하였다.

카페24는 2018년 온기 실적이 흑자전환으로 턴어라운드하면서 시가총액 기준 1조원을 돌파하기도 하였다.

5. '상장주관사 추천' 성장성 평가 특례상장

성장성 평가 특례상장은 상장주관사 추천의 특례상장 제도다. 상장주관사가 성장성이 있는 초기기업을 적극 발굴하여 상장시킬 수 있도록 제도화 한 것이다. 상장주관사가 추천하는 기업에 대해서는 자본금 등 상장에 필요한 경영성과 요건을 면제해주는 것을 골자로 2017년부터 본격적으로 도입되었다.

금융위원회가 밝힌 이 제도의 도입 취지는 다음과 같다.

바이오기업 편중 등 현행 기술성 평가 특례상장 제도가 가진 한계점을 보완하고, 상장주관사의 기업발굴 기능을 강화하는 것이다. 기술성 평가 특례상장과 마찬가지로 성장성은 있지만 자기자본, 생산기반, 시장인지도 등이 취약한 초기기업을 위한 별도의 상장제도로 운영한다는 것이다.

적자기업이라도 성장성이 있으면 상장 기회를 주는 테슬라 상장과 유사하나 증권사의 추천으로 상장하기 때문에 경영성과 요건(매출액, 시가총액, 매출액 성장률)을 충족하지 않아도 된다.

대신, 상장주관사의 추천 여부가 상장을 결정짓는 핵심요소인 만큼 주관사의 도덕적 해이를 방지하고 책임성을 강화하기 위한 별도의 조항도 있다. 일반청약자의 환매청구권 기간이 테슬라 상장(3개월)보다 2배나 더 긴 6개월이다. 그러니까 상장 이후 6개월 동안은 주가가 공모가의 90% 아래로 떨어지면 모두 환매해 주어야 한다는 것이다.

주관사 입장에서는 분명 부담스러운 대목이긴 하지만, 앞서 설명한 대

표 5-11 | 성장성 평가 특례상장 기업 현황

2018년	(1호) 셀리버리
2019년	(2호) 라닉스, (3호) 올리패스, (4호) 라파스, (5호) 신테카바이오, (6호) 브릿지바이오

자료 : 한국거래소

로 주관사는 일반 상장보다 더 많은 수수료를 챙길 수 있다. 또 특례상장과 환매청구권 등을 책임지는 대가로 발행기업의 신주인수권을 받아서 자본차익도 노릴 수 있다.

2018년 셀리버리가 상장주관사 추천의 특례상장 1호를 기록한 이후 2019년 다시 5개사가 신규상장되어 특례상장의 주요 트랙으로 정착하고 있다.

투자 나침반을 제대로 읽어라! (23)

| '증권사가 보증' 성장성 평가 특례상장 국내 1호 : 셀리버리 |

국내에서 성장성 평가 특례상장 1호 기업인 셀리버리는 바이오의약품 연구용 시약을 제조하는 R&D 기업이다. 2017년 매출액 28억원, 영업손실 35억원, 당기순손실 150억원 시현하였으나 DB금융투자의 추천으로 2018년 11월 상장에 성공하였다.

셀리버리는 전형적인 바이오 R&D 기업이다. 그런 까닭에 성장성 평가를 통해 특례상장을 청구한 것을 두고 다소 의외라는 반응도 당시 있었다. 대부분의 바이오기업들이 택하는 상장 방식은 기술성 평가를 통한 특례상장이었기 때문이다.

셀리버리가 기술성 평가가 아닌 성장성 평가를 택한 이유는 따로 알려진 것이 없지만 추측은 가능하다. 일단 기술성 평가에 대한 부담감이 크게 작용한 때문일 것이다.

바이오 R&D 기업이 기술성 평가를 통해서 상장을 하기 위해서는 기술성 평가등급을 A, BBB 이상 받아야 한다. 기술성 평가 통과에 대한 불확실성이 크다고 판단했다면 굳이 이 방법을 고집할 이유가 없다.

셀리버리의 경우 플랫폼 기반의 신약개발업체인데, 상장예심청구 당시 비임상단계 파이프라인 1건과 후보물질도출 1건에 대해서 라이선스 아웃 실적을 보유하고 있었다. 그럼에도 주관사와 협의를 거쳐 성장성

표 5-12 | 예비심사청구 당시 셀리버리의 라이선스 아웃 실적

품목	계약 상대방	대상 지역	계약 체결일	진행 단계
파킨슨병 치료 후보물질 iCP-Parkin	글로벌 제약사 A	전 세계 (한국 제외)	2017.08.01.	비임상
TSDT 플랫폼을 이용한 LSD 치료 후보물질의 도출	일동제약(주)	미정	2018.03.26.	후보물질 도출

자료 : 금감원 전자공시

표 5-13 | 셀리버리의 공모 개요

증권의 종류	증권수량	액면가액	모집(매출) 가액	모집(매출) 총액	모집(매출) 방법
기명식보통주	1,140,000	500	25,000	28,500,000,000	일반공모

인수인	인수 수량	인수 금액	인수대가	인수 방법
DB금융투자	1,140,000	28,500,000,000	1,761,300,000(6.18%)	총액인수

자료 : 금감원 전자공시

표 5-14 | 상장주관사의 셀리버리 신주인수권 취득 현황

취득자	취득수량	취득금액	비고
DB금융투자㈜	34,200주	855,000,000원	코스닥시장 상장규정에 따른 상장주선인의 의무 취득분

자료 : 금감원 전자공시

그림 5-5 | 셀리버리의 주가 추이

자료: 네이버증권

평가 특례상장을 신청한 것으로 보인다.

[표 5-13]은 셀리버리의 공모 개요다. 높은 청약경쟁률로 공모가 밴드는 2만~2만5,000원으로 책정되었는데, 최상단인 2만5,000원에 최종 공모가 확정이 되었다. 셀리버리는 총 285억원의 공모자금 모집에 성공했다.

상장주관사도 [표 5-14]에서 보는 것과 같이 셀리버리의 신주인수권을 취득하였다. 결국 보호예수가 끝나는 3개월 뒤 주식을 매각하여 큰 차익을 시현하였다.

[그림 5-5]의 그래프에서 보듯이 셀리버리는 상장 이후 가파른 주가상

승세를 보여주었다. 이 시기에 코스닥에 상장된 바이오 헬스케어 기업의 주가가 동반상승하여 주가가 큰 폭으로 올랐다. 하지만 주관사의 환매청구권 부담이 없어진 6개월 이후 주가는 다시 하락하는 모습을 보였다.

6. 해외시장 상장제도 체크포인트

최근 증권사 PB창구를 통해서 해외 유니콘 기업에 투자하는 상품이 부쩍 많이 출시되고 있다. 필자가 투자요청을 받은 기업만 해도 중국 최대의 차량공유Ride Hailing업체인 디디, 틱톡 운영업체인 바이트댄스, 동남아 최대의 차량공유업체인 그랩과 고젝, 그 외에도 동남아의 이커머스 사이트 등 다양하다.

시장에서 개인투자자들에게 해외 비상장기업에 투자를 추천하기 위해서는 해외 주요국의 상장제도를 먼저 파악하고 있어야 한다. 국내 기관투자자들도 해외 비상장기업 투자 비중을 늘리기 시작했고, 투자한 기업이 해당 국가 증시에 상장하는 사례가 점점 늘어나는 추세이기 때문이다.

1) '첨단기술기업 중심의 커촹반' 중국증시

중국증시는 크게 3개의 큰 축으로 이뤄져 있다. 먼저 주로 국영기업이 상장되어 있는 상해증시(메인보드, 커촹반科创板)가 있다. 또 민간기업 위주로 상장되어 있는 심천증시(메인보드, 중소판, 창업판)가 있고, 한국의 코넥스와 유사한 북경의 신삼판新三板이라고 불리는 증시도 있다.

중국의 상장요건은 무척 까다로운 편이다. 무엇보다 이익요건이 중시된다. 상장을 원하는 기업들은 반드시 이익이 발생해야 한다는 것이다. 중국 내 대형 기업들조차 상장을 위해서 오랫동안 대기하고 있는 경우가 많을 정도다. 그리고 외국기업에게는 배타적인 조항도 존재한다.

먼저 상해증시를 살펴보자. 상해증시는 메인보드와 커촹반으로 구성되어 있다. 특히 커촹반에 주목해야 한다. 2019년에 중국판 나스닥을 표방하며 본격 출범했다. 커촹반의 개장으로 첨단 기술 관련 기업들 중 이익미실현 기업도 상장할 수 있는 길이 열리게 되었기 때문이다.

심천증시는 메인보드, 중소판, 창업반으로 구성되어 있다. 상해증시와는 달리 이곳에는 민간기업들이 많이 상장되어 있다. 메인보드가 가장 규모가 크다. 중소판은 중소기업 전용증시다. 창업반은 벤처기업 전용증시로, 기술기업이 많이 상장하면서 차스닥^{중국판 나스닥}으로 불리기도 했다. 하지만 커촹반의 등장으로 이제 상황이 많이 달라졌다. (커촹반 개장에 맞춰 중소판, 창업반도 시행세칙을 개정 중이다. 이에 따라 적자기업의 상장 역시 가능해질 것으로 보인다.)

표 5-15 | 중국증시 개요

시장 구분		이익 요건	국내 개인투자자 가능 여부
상해증시	메인보드	이익 필요	후강통 거래 가능
	커촹반	이익 불필요	거래 불가능
심천증시	메인보드	이익 필요	선강통 거래 가능
	중소판	이익 필요	선강통 거래 가능
	창업반	이익 필요	선강통 거래 가능
북경증시	신삼판	*한국의 코넥스	거래 불가능

북경증시는 한국 투자자들에게 생소할 수 있다. 신삼판이라는 증권시장이 있는데, 한국의 코넥스와 유사하다. 증권사 추천으로 상장한다. 하지만 거래량이 없어 현재는 명맥만 유지하고 있다.

최근 중국증시에서 가장 큰 화두는 무엇보다 커촹반의 등장이다.

중국증시는 이제까지 이익실현 기업 위주로 상장이 이루어져왔고, 과거 북경 신삼판이 만들어지면서 증권사 추천으로 기업을 상장시키는 제도 등이 나오기는 했으나 사실상 유명무실했다.

이런 상황에서 중국은 첨단기술기업 중심으로 이익미실현 기업도 상장할 수 있는 거래소를 만들었고, 2019년 7월 정식 개장했다. 바로 커촹반이다.

여기서 다루는 첨단기술기업은 국내 증시에서도 4차 산업혁명 관련주로 분류가 되는 종목들이다. 첨단장비, 신소재, 신에너지, 환경보호, 생물의약, 인터넷, 빅데이터, 클라우드 컴퓨팅, 인공지능 등이다.

커촹반은 허가제가 아닌 주식등록발행제가 적용된다. 따라서 기업공개 예정 기업들의 상장주기가 6~9개월로 단축됐으며, 적자기업도 상장이 가능해졌다. 아직은 수익을 내지 못하더라도 기업의 기술력과 연구개발 실적을 내세워 IPO를 통해 자금을 모을 수 있다는 이야기다. 상장기업의 차등의결권도 허용된다.

시장의 문턱은 낮춘 대신 상장폐지 기준은 강화했다. 기존 중국증시에서 상장폐지는 위험경고, 잠정정지, 상장폐지라는 단계를 밟아 진행했다. 하지만 커촹반의 경우는 상장폐지 경고 후 잠정정지 단계를 거치지 않고 바로 상장폐지할 수 있도록 바꿨다. 보다 엄격하게 종목들을 관리하겠다는 것이다.

구체적인 상장조건은 예상시총 10억위안 기업의 경우 최근 1년간 매출액 1억위안과 순이익 흑자상태를 동시에 기록해야만 한다. 하지만 예상시총 15억위안 기업의 경우는 최근 1년간 매출액이 2억위안이면 된다. 순이익 흑자요건은 없다. 예상시총 20억~30억위안 기업의 경우 최근 1년간 매출액 기준은 3억위안이다. 역시 순이익 흑자요건은 없다. 예상시총 40억위안 이상 기업의 경우는 매출액 조건도 없다. 다만 경우에 따라서는 연구개발비 투입비율, 현금흐름을 보기는 한다.

최근에는 중국에서 가장 핫한 기업인 바이트댄스가 커촹반에 상장한다는 소문이 돌기도 했을 만큼 커촹반이 중국 증시의 핵으로 떠올랐다.

투자 나침반을 제대로 읽어라! (24)

| 중국인의 생활상 자체를 바꾼다, 이커머스 시장 |

중국의 이커머스E-commerce 시장을 설명하려면 사실 책 한 권을 써도 부족할 정도다. 중국 최대의 이커머스 기업인 알리바바를 필두로 2위 기업 징둥, 최근 급속히 성장하면서 징둥을 위협하고 있는 핀둬둬拼多多, 최근에 홍콩증시에 상장한 메이투안디엔핑美团点评 등이 대표적인 기업들이다.

일본 야후의 최대주주인 손정의 회장이 알리바바 초기투자자로 참여하여 소위 대박을 낸 사례는 이제 너무 많이 알려져서 굳이 언급할 필요조차 없을 지경이다. 여전히 알리바바의 지분 20% 이상을 보유한 최대주주다. 손정의 회장은 국내 이커머스 대표업체 쿠팡에 누적 30억달러의

그림 5-6 | 알리바바의 주가 추이

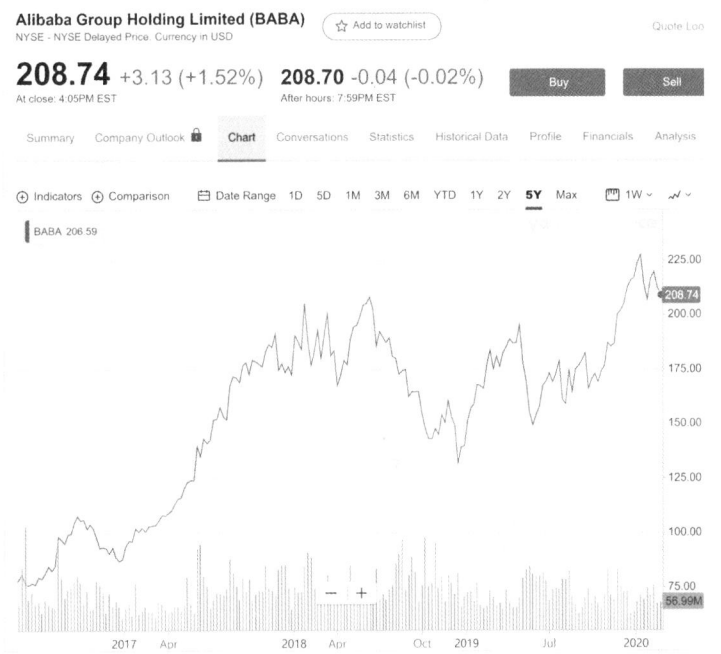

자료 : 야후 파이낸스

투자를 집행하여 국내 이커머스 시장에서도 존재감을 과시하고 있다.

투자자 입장에서 국내 이커머스 시장을 살펴보면 가장 인상적인 기업은 옥션이다. 옥션은 국내 이커머스 투자의 대표적인 성공사례다. 좀 오래된 사례이기는 하지만, 대부분의 이커머스 회사들이 적자에 허덕이던 때 이베이와 유사한 경매방식을 도입해 안정적인 수수료 수입을 창출하면서 국내 증시 상장에 성공했다. 이미 10여 년 전부터 플랫폼의 중요성을 깨닫고 실천했던 회사다.

C2C[Customer to Customer] 개념을 도입한 G마켓 역시 손꼽히는 성공 모델

이다. 직접판매보다는 마켓플레이스Marketplace를 조성하는 데 힘쓰면서 수수료 수입을 일으키는 방식으로 이익을 만들어냈다.

두 회사가 이제는 이베이에 인수가 되어 한 지붕 아래 들어갔지만, 두 회사의 성공은 이커머스에서 플랫폼의 중요성을 보여준 대표적인 사례다.

최근 이커머스 시장의 트렌드는 대형화와 전문화라고 할 수 있다.

국내의 경우 신세계, 롯데 등 오프라인 중심의 백화점, 할인점도 사활을 걸고 이커머스를 강화하고 있다. 소셜커머스라는 개념으로 출발한 티몬, 위메프 등이 국내 이커머스의 한 축으로 자리 잡았다. 쿠팡은 로켓배송을 앞세워 국내 이커머스 시장을 주도하고 있다. 이들은 모두 대형 종합쇼핑몰을 추구한다.

또 하나의 트렌드는 카테고리별 전문화다.

중국은 이미 알리바바의 티엔마오天猫가 특유의 강력한 결제기능을 바탕으로 최대 플랫폼으로 우뚝 섰다. 하지만 소비자 입장에서는 고를 물건이 넘쳐난다는 것이 오히려 문제가 되기도 한다. 뭘 사야할지 모르겠다는 하소연이 바로 그것이다.

종합쇼핑몰에는 품목이 너무 많다. 화장품 하나를 사기 위해 티엔마오 같은 쇼핑몰을 이용하면 원하는 상품을 구매하기 위해서 굉장히 오랜 시간을 소비해야 할지도 모른다. 그래서 등장한 새로운 경향이 카테고리별로 전문화된 상품을 취급하는 쇼핑몰이다.

또 여기서 한걸음 더 나아가, 이른바 '뭘 좀 아는 사람KOL, Key Opinion Leader'들이 "이런 걸 사면 어떨까요?"라고 제안해 주기를 점점 더 원하고 있다. 하지만 종합쇼핑몰은 이런 기능을 할 수 없다. 그래서 카테고리 별로 전문몰 중심의 큐레이션 커머스가 주목받는 것이다.

쥐메이聚美는 화장품 카테고리에 특화된 전문몰이다. 2014년 나스닥 상장까지 성공했다. 쥐메이의 흥행 이후 메이리슈어美丽说, 메이좡美妆과 같은 유사한 카테고리 킬러형 플랫폼이 줄을 이었다. 최근에는 샤오훙슈小红书와 모구지에蘑菇街 같은 소셜커머스가 기존 종합쇼핑몰이 가지지 못한 차별화된 경쟁력을 내세워 고객들을 불러모으고 있다.

샤오훙슈는 화장품 위주 해외직구 플랫폼에서 먼저 두각을 나타내고 잡화, 패션 등 라이프스타일 전 품목을 취급하며 성장했다. 이 과정에서 주목받은 것은 라이프스타일에 대한 제안을 하는 방식의 큐레이팅 서비스였다. 단순한 제품 소개를 넘어서는 이런 방식의 마케팅은 고객들의 재방문율을 급속하게 끌어올렸다. 한마디로 중국의 인스타그램 역할을 톡톡히 하고 있는 셈이다.

모구지에는 2011년 모바일 쇼핑을 많이 이용하는 바링허우(80년대생)와 주링허우(90년대생)들을 타깃으로 해 빠른 성장을 거듭했다. 2016년에는 메이리슈어와 합병 후 왕훙 라이브 쇼에서 강점을 보이며 뉴욕증시 상장까지 성공했다.

국내도 스타일난다가 패션플랫폼으로 시작해 3CE라는 화장품을 런칭하면서 로레알에 성공적으로 매각되었다. 신발만 팔던 무신사는 패션을 포함한 카테고리 킬러 플랫폼으로 진화한 경우다. 최근 세콰이어 캐피탈의 투자를 유치하면서 유니콘 반열에 올랐다.

최근에는 화장품 카테고리는 화해, 그리고 패션 카테고리는 스타일쉐어가 밀레니얼 세대의 엄청난 지지를 받으면서 기업가치를 키우고 있다.

이들은 모두 자신들이 잘 아는 분야에 집중해 전문몰로서의 강점을 내세우면서 큐레이팅을 통해서 고객들의 지지를 얻어내고 있다. 이제는 국내는 물론 중국도 전문몰과 큐레이션 커머스의 시대다.

투자 나침반을 제대로 읽어라! (25)

| '간편결제'가 만들어가는 새로운 세상, 중국의 핀테크산업 |

중국은 핀테크^{Fintech} 강국이다. 핀테크라 함은 범위가 넓지만 간단하게 정리하면 ①전자화폐를 통한 간편결제 ②이를 이용한 자산운용 ③인터넷상업은행 설립을 통한 비대면 대출 등의 서비스를 가리킨다.

중국은 알리페이^{Alipay}, 텐페이^{Tenpay} 같은 간편결제 서비스부터 이를 이용한 리차이^{WMP} 상품가입, 그리고 최근 인터넷상업은행 설립을 통한 대출서비스까지 거의 모든 핀테크 영역에서 세계적인 수준이다.

생활 전반에서 알리페이와 텐페이 같은 간편결제 서비스가 활용된다. 전기·가스·수도 등 각종 요금도 납부하고, 비행기·기차표 예매, 택시 이용, 심지어 마사지를 받기 위한 서비스를 투안꼬우^{공동구매}를 통해서 결제한다. 매년 춘제에서도 알리페이, 텐페이로 홍바오^{세뱃돈}를 준다.

그럼 중국에서 이처럼 핀테크가 발달한 이유는 무엇일까? 이상하게 들릴 수도 있겠지만, 불신 때문이다. 또 낮은 수준의 유선 인터넷 환경과 저조한 신용카드 보급률도 한 몫을 했다.

알리바바의 온라인 쇼핑몰 타오바오몰 초창기, 쇼핑몰에서 팔리는 상품에 대한 신뢰성이 없던 시절 이야기다. 우리나라는 우선 결제를 하고 상품을 받은 후 마음에 안 들면 반품하고 환불을 받는 시스템이지만 중국은 그럴 수가 없었다. 일단 불신이 컸다. 그래서 고안된 게 알리페이다. 상품을 수령한 후 하자 여부를 꼼꼼히 체크한 뒤 비용을 지불하는 방식이다. 일종의 에스크로 서비스인 셈인데, 고객은 상품이 마음에 안 들면 결제를 하지 않아도 된다.

유선 인터넷 인프라도 알리페이 성공 여부와 관련이 깊다. 알려졌다시피 중국은 유선 인터넷 인프라가 굉장히 부족하다. 그래서 바링허우와 주링허우 등 젊은 주요 소비자층들은 대부분 모바일을 이용해 물건을 산다. 쇼핑뿐만 아니라 거의 모든 것을 스마트폰으로 한다. 핀테크를 BMW$^{Big\ Data,\ Mobile,\ Wearable}$라고 부르는 이유가 여기에 있다. 폭발적인 모바일 이용자수 증가가 핀테크 산업의 급속한 성장을 가져 왔음은 두말할 나위가 없다.

신용카드 보급률 역시 마찬가지다. 보통은 현금이나 수표로 거래하다가 신용카드 이용 단계로 옮겨간다. 그리고 그 다음 단계가 모바일 결제 단계다. 그런데 중국은 신용카드 이용 단계를 건너뛰었다. 곧바로 모바일 결제 단계로 넘어간 것이다. 스마트폰에 내장된 알리페이나 텐페이 앱으로 대부분의 비용을 지불한다. 최근에는 알리페이를 활용한 위어바오^{MMF}로 자산운용까지 하고 있다.

우리나라는 핀테크산업이 중국만큼 발전하기 어려운 구조다. 역설적이게도 유선 인터넷 인프라 환경이 세계 최고 수준이어서 그렇다. 굳이 인터넷은행을 만들지 않아도 기존의 은행 인터넷 뱅킹을 통하면 거의 모든 금융서비스를 받을 수 있다.

신용카드 보급률 역시 우리나라는 거의 100%에 가깝다. 또 국내 PG^{Payment Gateway}사들이 기존에 구축해 놓은 가맹점 네트워크는 신용카드를 이용해 온·오프라인 쇼핑을 하는데 전혀 문제가 없는 수준이다. 카드 한 장이면 일상생활에 전혀 불편함이 없다.

다만, 알리페이가 가지고 있는 친구간의 송금기능 같은 소액 이체, 자산증식기능, 인터넷상업은행 설립을 통한 비대면 대출 등은 우리에게 좀 더 분발을 요구하는 측면이 있다. 물론 토스나 카카오뱅크가 출범하면서 이런 문제들이 점차 해결되고 있는 추세이긴 하지만 말이다.

결론적으로 최근 우리나라에서도 핀테크가 화두이긴 하다. 여러 증권사 리포트에서도 핀테크 관련 수혜주가 많이 추천되고 있다. 하지만 P2P 기반의 대출서비스(미국의 렌딩클럽), 순수 인터넷상업은행(텐센트의 위뱅크, 알리바바의 앤트파이낸셜) 등의 증시 상장이 본격화 되지 않는 한 그 효과는 그리 크지 않을 것으로 보인다.

투자 나침반을 제대로 읽어라! (26)

| 진격의 중국 영화산업 '맑음' |

최근 중국의 영화산업 성장속도가 굉장하다. 이는 '겨울왕국' 같은 기존 할리우드 영화의 중국 내 흥행도 영향을 미쳤지만, 중국 현지 제작사들이 만드는 작품의 수준 역시 급상승하고 있기 때문이다.

중국의 영화시장은 우리나라와는 다소 차이가 있다. 우리나라는 제작사가 영세하다. 반면 배급사(CJ, 롯데, 쇼박스, NEW 등)가 투자와 배급을 책임지면서 주도를 한다. 그리고 티켓매출이 발생하면 극장이 50%를 가져가고 나머지 50%는 배급사가 가져간 다음에 배급수수료를 공제하고, 수익이 발생하면 배급사(투자자 포함)와 제작사가 6대 4로 배분한다.

중국의 영화시장은 우리와는 다르다. 중국은 수익 배분 시 6대 4라는 공식이 없다. 수익이 나면 투자자가 다 가져간다. 그럼 제작사는 이익금을 못 가져가는데 왜 제작을 할까라는 합리적인 의심을 할 수 있다. 이는 중국 영화시장의 구조를 보면 자연스럽게 풀린다. 중국의 경우 제작사가 투자도 하고 배급도 하기 때문에 가능한 일이다.

중국은 △투자 및 제작 △1차 배급 △2차 배급 △영화관으로 역할이 나뉜다. 우리와 확연히 구분되는 것은 2차 배급을 담당하는 원선院线이다. 일종의 영화관 관리회사다. 중국이 워낙 넓기 때문에 특정 지역에서 다수의 영화관과 3~5년 정도 계약을 맺고 신작영화를 수급해주는 역할을 한다.

우리는 제작사 규모가 영세하기 때문에 제작비 투자를 투자자 및 배급사가 하지만, 중국은 투자 및 제작을 한 회사가 한꺼번에 한다. 그리고 이 회사가 1차 배급까지 책임진다.

중국은 제작사가 영세하지 않다. 규모도 크고 제작시장을 몇몇 업체가 과점하는 구조로 되어 있다. 이는 과거 영화제작사가 국영기업이었기 때문이기도 하다. 대표적인 업체로는 국영기업인 중잉中影과 화샤华夏를 비롯해 민영기업인 화이브라더스华谊兄弟, 보나필름博纳, 광시엔미디어光线影业 등이 있다. 통계를 보면 티켓수입에서 이 회사들이 빅5를 형성하고 있다. 배급시장도 마찬가지다. 이들 대형 제작사들이 1차 배급도 과점

하고 있다.

그럼, 한국 투자자들에게 비교적 이름이 많이 알려진 완다万达는 어떤 역할을 할까? 이 회사는 주력이 극장체인(우리로 치면 CGV인 셈이다)이고, 원선(2차 배급)을 담당하는 회사이다.

정리하면, 중국은 제작사가 투자도 하고 배급(1차 배급)도 하는 구조다. 티켓매출을 100으로 보았을 때 △투자 및 제작 35~36% △1차 배급 4~5% △2차 배급 3~5% △영화관 47~49%로 각각 나눠 가져간다.

그렇다면 중국의 대형 투자·제작사 및 배급사에는 어떤 회사가 있을까? 2006~2012년 티켓판매를 기준으로 한 누적 통계에 의하면 1위가 화이브라더스, 2위가 중잉, 3위가 신화미엔新画面, 4위가 보나필름, 5위가 광시엔미디어였다. 국내 배급사인 NEW에 500억원 이상을 투자하면서 영화시장 점유율을 높이려는 화책미디어华策影视가 후발주자다.

2차 배급 단계인 원선의 경우 완다가 시장을 주도하고 있다. 매년 13~15%의 점유율을 기록하며 1위다. 우리가 특히 완다에 주목해야 하는 이유는 우리나라의 CGV와 CJ ENM을 합친 비지니스 모델을 가지고 있기 때문이다. 최근에 1차 배급시장에도 뛰어들면서 투자·제작-배급-영화관으로 이어지는 전 밸류체인을 모두 영위하는 회사로 변신했다. 중소도시에 쇼핑몰을 지으면서 완다 영화관을 입점 시키고 있어 보유 극장체인도 갈수록 늘어날 전망이다.

중국 영화시장은 해마다 성장하고 있고, 소수 업체가 장악하고 있는 과점 형태다. 때문에 앞으로도 완다를 포함해서 중잉, 화샤, 화이브라더스, 광시엔미디어, 보나필름 등 주요 제작·배급사의 실적은 지속적으로 개선될 것이다.

 투자 나침반을 제대로 읽어라! (27)

| 투자자의 시선 사로잡는 '콘텐츠 투자' |

영화 및 드라마를 포함한 콘텐츠 제작 투자에 대한 관심은 중국이나 우리나라 다를 바가 없다. 기관투자자들이 비상장투자 대상 가운데 아주 흥미롭게 생각하는 투자처이기도 하다.

앞서 중국의 영화산업을 언급한 마당이니 우리나라의 콘텐츠 투자 상황 또한 이 기회에 한번 짚어보자.

국내 메이저 영화 배급사인 CJ ENM, 쇼박스, NEW 등이 모두 국내 증시에 상장되어 있고, CJ 계열사인 스튜디오드래곤이 국내 드라마 제작사 중에 가장 높은 시가총액(약 2조원)을 자랑하고 있다.

그 외에도 드라마 제작의 명가인 삼화네트웍스, 비상장사로 텐센트의 투자를 유치한 HB엔터테인먼트(별에서 온 그대, 내 딸 서영이, SKY캐슬 제작사) 등이 투자자들의 관심을 받는 곳이다.

최근에는 넷플릭스를 비롯한 OTT^{Over The Top}산업의 성장으로 영화 및 드라마 제작사의 입지가 올라가고 있고, 에이스토리 등 신규 제작사들이 증시에 입성하고 있다.

우리나라는 전 세계에서 유일하게 엔터테인먼트산업이 수직계열화되어 있다. SM엔터, JYP, 와이지엔터 등 대형 엔터테인먼트회사들이 상장되어 있다. 방탄소년단의 빅히트엔터테인먼트가 그 어떤 상장 엔터테인

그림 5-7 | 스튜디오드래곤의 주가 추이

자료: 네이버증권

먼트회사보다 높은 실적과 밸류를 보여주고 있다.

기관투자자들은 콘텐츠를 제작하는 배급사, 제작사, 엔터테인먼트회사에 지분투자를 하기도 하지만, 펀드를 만들어서 영화 및 드라마 제작에 투자를 하기도 한다. 대표적으로 국내에서는 창투사 및 신기사를 중심으로 결성되어 있는 영화펀드가 바로 그것이다.

국내 영화산업은 1인당 영화 관람 횟수가 연간 1편에서 4편으로 상승하면서 시장규모가 꾸준히 커졌다. 편당 제작비 역시 마찬가지다. 특히 블록버스터 제작에는 수백억원이 투입되기 때문에 외부투자를 유치하지 않고서는 영화를 제작하기 거의 불가능하다. 따라서 영세한 자본의 제작사보다는 자본력을 앞세운 배급사 위주로 투자가 이루어지게 되었다. 물론 배급사도 외부 재무적 투자자의 도움을 받아서 영화를 제작한다.

국내 드라마산업도 꾸준히 성장해서 최근에는 미니시리즈 편당 제작비가 급증하고 있다. 과거 지상파 3사에서 제작비의 대부분을 투자하고 제작사에서 PPL 등을 책임지던 구조도 이제는 바뀌었다. tvN, JTBC 등 드라마 제작에 강점을 보이는 채널이 등장했기 때문이다. 지금은 채널에서 제작비의 100%를 투자하는 구조도 생겨났다.

특히 자본력을 앞세운 넷플릭스의 등장으로 제작기획력만 뒷받침이 된다면 100% 선투자를 받아서 제작할 수 있는 환경까지 조성되고 있다.

이제 본격적으로 영화제작에 따르는 수익 배분구조에 대해 들여다보자.

국내 영화산업의 밸류체인은 제작사-배급사-영화관으로 되어 있다. 통상적으로 1명당 영화티켓 가격을 8,000원으로 잡으면 1,000만명이 관람한 경우 전체 매출은 800억원이다. 이 중에서 영화관이 약 50%를 가져가게 되고, 나머지 50%인 400억원을 배급사가 우선 매출로 인식한다(배급사의 총매출). 배급사는 여기서 배급수수료 10%(40억원. 배급사의 순매출), 제작비(60억원이라고 가정)를 공제하고 나머지 300억원(전체 수익금)을 투자자에게 투자지분율에 따라 배분한다.

우리나라는 6대 4 룰이 있어서, 제작사의 경우 영화제작에 투자를 하지 않아도 전체 수익의 40%를 가져가게 된다. 앞의 경우처럼 300억원의 수익금 가운데 120억원이 제작사의 몫이 된다. 통상적으로 영화 하나가 대박이 나면 배급사, 극장도 돈을 벌지만 가장 큰 수혜는 제작사가 보게 되는 구조다.

배급사와 극장은 대규모 조직을 운영한다. 고정비 외에도 마케팅과 광고 등에 따르는 상당한 비용을 도맡는다. 반면 제작사는 소규모 조직으로 운영되어 고정비가 거의 들어가지 않는다. 현재 우리나라에는 1인 제작사를 포함해 수천개의 영화제작사가 존재한다.

영화제작에 투자하는 투자자 입장에서는 불합리한 수익 배분구조인 셈이다.

투자자는 300억원의 수익이 발생해도 180억원 밖에 못 가져간다. 반면 손실이 나면 투자자가 다 떠안아야 하는 구조다. 배급사는 중간적인 입장이지만, 요즘은 배급사가 투자도 함께 하는 것이 대세이기 때문에

그림 5-8 | 바른손이앤에이의 주가 추이

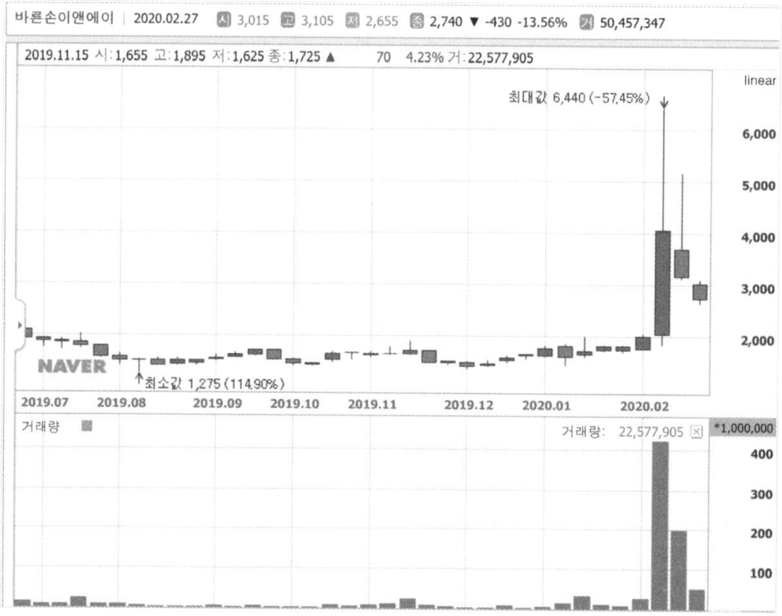

자료 : 네이버증권

투자자와 같은 입장이다.

최근 한국영화 '기생충'의 아카데미 4관왕 수상으로 투자 및 배급을 담당한 CJ ENM의 수혜가 예상되지만, 가장 큰 이득은 제작사인 바른손이앤에이가 가져갈 것으로 전망된다.

2) '세계 3대 바이오 증시'로 급부상한 홍콩증시

홍콩은 전통적으로 소비재가 강한 증시로 알려져 있다. 과거 중국 및 아시아 시장공략을 위해 프라다, 샘소나이트 등 글로벌 소비재 기업이 홍콩증시에 상장했다.

2014년에는 알리바바가 홍콩증시 상장을 검토하였으나 차등의결권을 인정하지 않아 뉴욕증시로 방향을 선회한 바 있다. 잘 알려진 바와 같이 당시 알리바바의 최대주주는 야후였고, 2대 주주인 마윈이 경영을 무리 없이 이끌기 위해 차등의결권이 필요했음에도 불구하고 홍콩증시는 이를 인정하지 않았다. (최근에 알리바바는 다시 홍콩증시에 입성했다. 이는 홍콩증시가 차등의결권을 인정하는 것으로 방향을 선회했기 때문이다.)

뉴욕증시에 알리바바를 빼앗긴 후에 홍콩증시도 25년 만에 상장규정을 고쳐 차등의결권을 보장하게 되었다. 첫 수혜자는 우리에게도 많이 알려져 있는 샤오미다.

샤오미는 경영권 안정 문제 등을 놓고 고민하다가 중국 본토 증시 대신 상장규정까지 고쳐 차등의결권을 보장한 홍콩증시를 선택했다. 사실상 샤오미를 유치하기 위해서 상장규정을 고친 것으로 보이고, 2018년 샤오미는 인도시장에서의 가파른 성장세를 기반으로 홍콩시장에 안착

했다.

최근 홍콩증시가 한국의 기술성 평가 특례상장 제도와 유사한 시스템, 즉 적자 바이오 및 하이테크 기업의 기술평가를 통한 상장제도를 도입하면서 또 한 번 변화를 꾀하고 있다.

홍콩증시에 상장한 적자기업 중 가장 시가총액이 큰 기업은 메이투안디엔핑美团点评이다. 이 회사는 시가총액은 60조원이 넘지만 아직도 적자상태인 모바일 기반 배달 플랫폼이다. 과거 맛집 소개 앱으로 시작해서 이제는 배달 플랫폼, 공유자전거, 승차공유 플랫폼으로 거듭나고 있다.

홍콩증시에 상장한 중국 본토 기업체 중 역사상 가장 높은 공모가를 기록한 곳은 평안보험의 자회사인 평안하오의셩平安好医生이다. 공모규모는 무려 11억달러에 달했다. 이 회사는 굿닥터라는 헬스케어 플랫폼을 운영하고 있는데 미용, 건강, 의료, 진료 등 온라인 헬스케어 컨설팅 서비스를 제공하고 있다. 뿐만 아니라 온라인-오프라인 의약품 판매 네트워크도 구축하고 있다. 상장 당시 적자기업이었다. 현재도 적자를 기록 중이나 시가총액은 5조원에 달한다.

최근에는 복성제약의 자회사인 바이오시밀러 기업 헨리우스바이오텍이 홍콩증시에 상장하면서 4억달러 이상을 조달하기도 했다.

홍콩증시는 한국 코스닥, 미국 나스닥과 함께 가장 핫한 3대 바이오 헬스케어 증시로 떠오르고 있다.

투자 나침반을 제대로 읽어라! (28)

| '적자기업도 환영' 홍콩증시 상장 |

유례없이 높은 공모가 기록을 세우며 2018년 홍콩증시에 화려하게 등장한 평안하오의성은 주목할 만하다.

먼저 평안하오의성은 적자 상태의 중국 본토 기업이다. 이익실현기업 중심의 중국증시 상황 속에서는 주목도가 상대적으로 떨어질 수밖에 없는 회사다. 하지만 홍콩시장에서는 대접이 달라진다. 그러니까 평안하오의성의 경우는 적자기업의 진입을 허용한 홍콩증시를 적극 활용해 상장까지 성공한 케이스다.

평안하오의성은 중국 난징대를 졸업한 왕 타오가 창업한 회사다. 그는 미국 마이크로소프트에서 근무한 경력이 있으며, 알리바바에서도 기술담당 부사장을 지냈다. 2014년 이 회사를 창업했다. 현재는 평안그룹의 자회사다.

이 회사는 중국 최초로 인터넷과 메디컬이 결합된 헬스케어 플랫폼이라는 사업모델을 갖고 있다. 상장 전에 손정의 회장이 이끄는 비전펀드의 투자를 받았다. 상장 당시 회원수 2억명 이상, 월간이용자가 약 5천만 명에 육박하는 거대한 플랫폼이다. 현재 시가총액은 5조원에 달한다.

알려져 있다시피 중국의 의료시설은 국영병원 위주로 되어 있다. 이로 인해 병원 공급이 상당히 부족하며, 의료서비스의 질도 떨어진다. 한 번 진료를 받기 위해서는 엄청난 대기시간을 필요로 하는데, 필자도 상해에 근무하던 시절 한 대학병원 앞을 지나다가 환자들이 병원 밖에까지

길게 줄 서 있는 것을 보고 깜짝 놀란 적이 있다.

중국의 의료시스템은 공급 부족과 함께 의료환경 부패가 문제점으로 많이 지적돼 왔다. 의사들이 뒷돈을 받고 진료순서를 앞당겨 주기까지 한다. 중국 거주 외국인들이 주로 찾는 민간병원이 있으나 진료비가 비싸기 때문에 일반 서민들은 갈 수가 없다.

중국 정부가 원격진료 도입 등 의료서비스 개선에 적극적인 것도 이런 이유에서다. 원격진료의 경우 시범도시를 여러 곳 선정해 이미 운영하고 있다.

평안하오의성도 온라인 기반의 원격진료 시스템을 지향한다. 온라인 진료, 전자처방전, 스마트 약품 자판기, 1시간 내 약품 무료배송 등을 사업으로 하고 있다. 중국 전역에 3년 내 수십만 개의 무인진료소를 세우겠다고 언론을 통해 공언한 바 있다. 모기업인 평안보험이 보유하고 있는 엄청난 양의 데이터베이스를 활용해 중국 최대의 온라인 헬스케어 플랫폼으로 성장하겠다는 비전이다. 홍콩증시 상장을 통해 시장의 이목을 집중시키는 데는 확실히 성공한 셈이다.

아직은 가입자와 유료이용자를 계속해 확보하는 시기로, 마케팅 비용 지출 등으로 인한 영업적자 상태이지만 이번 '코로나19' 사태가 변수다. 중국정부가 이번 사태를 계기로 낙후된 의료시스템을 개혁하기 위해 대대적인 투자에 나설 것으로 보이기 때문이다. 중국 디지털 헬스케어의 선두주자인 평안하오의성이 가장 큰 수혜를 받을 전망이다.

3) '기관투자자가 주도하는 시장' 미국 나스닥

나스닥 상장은 기관투자자가 주도하는 시장이다. 한국도 그렇지 않냐고 반문할 수 있다. 하지만 우리의 경우 상장 시 주식분산 요건을 충족해야 하고, 이로 인해서 개인투자자들이 상장과정에서 참여하게 된다. 나스닥의 경우는 다르다. 상장 시 개인투자자들이 공모에 참여하지 않아도 기관투자자들만 참여해서 상장이 가능하다.

나스닥 상장 전에 주관사를 선정하여 회계장부를 정비하고 법률실사를 거쳐서 미국 증권거래위원회^{SEC}에 승인신청서를 제출한다. 우리의 경우도 이와 동일하다. 하지만 그 이후에 우리는 증권시장에 상장하기 위해서 개인투자자들에게 총 공모물량의 20%를 배분해야 한다. 반면에 나스닥은 IPO 펀딩을 기관투자자들로만 구성하는 것이 가능하다. 만약 IPO 펀딩을 1억달러로 한다고 가정하면 1억달러 전액을 기관투자자에게 받아도 상관이 없다는 말이다.

이렇게 하면 주식이 분산되는 효과는 없겠지만, 상대적으로 전문성이 떨어지는 개인투자자들에게 기업설명회^{IR}를 하고 수요예측을 하는 과정이 없기 때문에 비교적 덜 복잡하게 상장을 마칠 수 있다.

대신 개인투자자들이 공모과정에 참여하지 않는다면 기관투자자들이 주식을 팔지 않는 한 거래량이 많을 수 없다. 물론 이는 상장 이후 추가적인 일반배정을 통해서 해결할 수 있다.

상장의 이점이 자본시장을 활용할 수 있는 것이기 때문에 공모과정을 안 거쳐도 상장 후 일반배정을 거쳐 주주 숫자를 늘리는 것에는 큰 문제가 없다.

투자 나침반을 제대로 읽어라! (29)

| 나스닥 상장으로 '수익 50배' : 텐센트뮤직 |

최근 나스닥 상장기업 중 우리에게도 비교적 많이 알려진 사례는 우버, 리프트 등 승차공유 업체들의 상장이라고 할 수 있다. 최근에는 위워크 같은 사무실 공유 플랫폼도 나스닥 상장을 준비했지만, 공모가가 장외거래 가격에 터무니없이 못미치면서 상장을 무기한 연기하기도 했다.

여기서는 나스닥에 상장된 중국 기업에 대해 살펴볼 생각이다. 특히 텐센트 자회사인 텐센트뮤직의 나스닥 상장사례에 주목한다.

필자는 중국 상해에서 근무하며 여러 창투사 임직원들과 교류를 했다. 그 중에는 심천창투도 포함된다. 심천창투는 운용자산 규모 57조원으로 중국 최대의 창투사다. 전 세계적으로도 규모 면에서는 뒤지지 않는 창투사라고 할 수 있다. 심천창투가 리딩 투자자로 투자해서 나스닥에 상장시킨 회사가 바로 텐센트뮤직이다.

텐센트는 심천에 위치한 중국 최대의 IT기업이다. 중국에서는 바이두, 알리바바, 텐센트의 이니셜을 따서 이른바 BAT라고 지칭하는데, 이들 기업은 중국의 IT산업을 이끌고 있을 뿐 아니라 창업 생태계까지 좌지우지한다.

중국에서는 IT 관련 창업을 하면 다양한 재무적 투자자들에게 투자를 받는데, 특히 이들 3개 기업의 투자를 받는 게 중요하다. 이를 따로 BAT 라운드라고 부를 정도다. 중국 최대의 승차공유 업체인 디디추싱滴滴出行을 비롯해, 배달 플랫폼인 메이투안디엔핑, 전자상거래 업체인 징둥 등이 모두 BAT 라운드를 거친 기업들이다.

텐센트뮤직도 BAT 라운드를 거쳐 텐센트의 자회사가 되었다. 2018년 말에는 나스닥 상장까지 성공했다.

텐센트뮤직의 사업모델은 국내 음원업체인 멜론과 유사하다고 볼 수 있지만, 고객기반이 우리와 비교해서 월등하게 크다. 중국 내 메이저 음원유통업체로, 현재 나스닥에서 시가총액 20조원 안팎에서 거래되고 있다. 텐센트뮤직은 심천창투가 초기 투자자로서 2012년에 첫 투자를 했고, 나스닥에 상장하면서 약 50배의 수익을 올렸다.

한편, 나스닥에 상장된 중국 IT기업은 다양하다. 검색엔진 바이두, 동영상 플랫폼 아이치이, 여행 플랫폼 트립닷컴, 중국 2위의 전자상거래 업체 징둥닷컴 등이 대표적이다. 향후에도 중국 IT기업의 나스닥 상장은 지속적으로 이어질 것으로 보인다.

7. 공모가격 결정과정에 '답'이 있다

그렇다면 공모주 투자는 왜 하는 것일까? 여기에 대한 답을 찾기 위해서는 우선 공모가격이 정해지는 절차부터 살펴볼 필요가 있다.

공모가격 산정 및 관련 업무는 통상적으로 증권사가 책임지고 맡아서 처리한다. 이를 흔히 주관사라 한다. 국내 대형 증권사들은 IPO부서를 두고 거의 대부분 이 업무를 하고 있다.

공모주 투자의 핵심인 공모가격이 결정되는 과정을 간단히 살펴보자.

주관사인 증권사가 공모가격을 정할 때는 여러 가지 방법을 사용한다. 첫 번째는 그 회사가 향후에 벌어들일 수익을 현재가치로 할인해서 가치를 정하는 방식이다. 두 번째로는 동종업계 비교대상 기업들과 비교를 해서 이들 기업의 평균 PER^{주가수익배수}이나 PSR^{주가매출액배수}을 감안해서 정하는 방식이 있다.

향후에 벌어들일 수익을 현재가치로 할인해서 가치를 정하기 위해서는 추정실적치를 작성해야 한다. 여기에는 경제성장률, 해당 업종의 성장률 등 거시적인 변수와 해당 회사의 매출액 및 비용추정 등 많은 가정이 들어간다. 추정실적이 작성이 되면 비교대상 기업들을 선정하게 되고, 이들 기업의 PER이나 PSR을 산정해서 공모예정기업에 적용하게 된다. 그렇게 해서 이른바 공모가 밴드가 산출되면 기관투자자들을 대상으로 수요예측을 거쳐서 밴드를 확정하게 된다.

예를 들어 A라는 바이오 헬스케어 R&D 회사에 투자를 한 뒤 회사가 앞서 설명한 기술성 평가 특례상장 제도를 통해서 상장을 한다고 가정해 보자. 알다시피 바이오 헬스케어 기업은 대부분 적자다. 따라서 미래에 벌어들일 수익을 추정해서 현재가치로 할인을 해서 기업의 가치를 정하고, 유사한 업종에 속하는 비교대상 기업들의 가치를 PER이나 PSR로 계산한 다음에 가격을 정한다.

하지만 향후에 벌어들일 수익을 정확히 계산하는 것은 사실 불가능에 가깝다. 비교대상 기업들을 선정할 때, 그 기업과 조금이라도 유사한 성격에 있는 기업들은 모두 포함하는 경우가 많기 때문에 정확한 비교가 어렵다. 그렇기 때문에 증권사에서 아무리 객관적으로 공모가 밴드를 설정한다고 해도 주관이 개입될 수밖에 없다.

이렇게 정해진 공모가 밴드를 기관청약, 개인청약을 통해서 밴드 상단으로 결정할지, 하단으로 결정할지 정한 다음에 상장을 하게 된다. 이러한 과정 자체가 시장에서 결정되는 것이 아니다보니 시장에서 생각하는 기업의 가치와는 괴리가 있을 수밖에 없다. 때문에 공모 첫날에는 주로 폭락하거나 폭등하게 된다. 결과적으로 저평가 된 공모주를 하나 잘 고르면, 단기간에 큰 차익을 실현할 수 있게 된다. 반대로 너무 높게 가격이 산정된 공모주를 고르면 손실을 볼 수도 있다. 여기에 공모주의 매력이 있다.

 투자 나침반을 제대로 읽어라! (30)

| 공모가 결정과정 다시 짚어보기 : 덕산테코피아와 올릭스 |

공모가격 결정 과정은 구체적인 사례를 통해 살펴보는 것이 이해가 빠르다. 최근에 상장한 기업 중 이익실현기업과 기술성 평가 특례상장 제도로 상장한 기업 각각 1곳씩을 골랐다.

이익실현기업의 사례는 OLED 소재를 개발하는 덕산테코피아다. 주관사는 NH투자증권이다.

먼저 덕산테코피아와 유사한 기업 모집단 30개를 선정하였다. 이후 1차로 사업의 유사성을 고려하여 8개 회사를 선정하였다. 2차로 재무의 유사성을 기준으로 3개 회사를 선정하였다. 3차로 비재무적 기준을 고려하여 3개 회사를 선정하였다. 최종적으로는 3개의 회사를 비교대상 기업들로 선정하였다.

이후 3개 회사의 PER을 산정하여 평균을 내고, 덕산테코피아의 신고서 제출일 직전 4개 분기(2018년도 2분기, 2018년도 3분기, 2018년도 4분기, 2019년도 1분기) 당기순이익에 적용 후 산술평균한 가치로 산출하여 적정가를 구했을 때, 2만3,957원이 산출되었다. 하지만 통상적으로 비교대상 기업들이 상장사이기 때문에 적정할인율을 이 가격에 적용하게 되고, 그 결과 공모가 밴드는 1만7,000~1만9,000원으로 산정하였다.

다행히 수요예측 결과가 좋아서 공모가는 밴드 상단인 1만9,000원으

표 5-16 | 덕산테코피아의 비교 대상 기업들 PER 산출

구분	적용 당기순이익	적용 주식 수	주당순이익 (원)	기준 주가 (원)	PER
㈜나노신소재	7,781,441	10,848,333	717	18,732	26.11
㈜천보	25,511,969	10,000,000	2,551	76,000	29.79
이녹스첨단소재㈜	32,216,120	9,232,420	3,489	47,866	13.72
평균 PER					23.21

자료 : 금감원 공시자료

표 5-17 | PER에 의한 덕산테코피아의 평가가치

구 분	산출 내역	비 고
당기순이익 (A)	18,987백만원	A
적용 PER (B)	23.21배	B
기업가치 평가액 (C)	440,652 백만원	C = (A × B)
적용주식수 (D)	18,393,808 주	D
주당 평가액 (E)	23,957 원	E = (C / D)

자료 : 금감원 공시자료

표 5-18 올릭스의 비교 대상 기업들 PER 산출 (단위 : 백만원, 주, 배)

구분	㈜메디톡스	㈜녹십자	㈜유한양행
2018년 1분기 당기순이익	21,624	15,689	20,717
연환산 당기순이익	86,495	62,756	82,868
적용 주식 수	5,656,535	11,686,538	12,209,354
연환산 EPS(원)	15,291	5,370	6,787
기준 주가(원)	684,119	220,500	235,143
1분기 기준 연환산 PER	44.74	41.06	34.65
1분기 기준 연환산 PER 평균	40.15		

자료 : 금감원 공시자료

표 5-19 PER에 의한 올릭스의 평가가치

구분	내용	비고
2021년 추정 당기순이익 (A)	20,830,667,855 원	A
연 할인율	25%	
2021년 추정 당기순이익의 현가 (B)	9,021,747,031 원	2018년 1분기 말 기준: B = A/1.25^3.75
적용주식수 (C)	6,680,744 주	C
2018년 1분기말 기준 환산 주당 순이익 (D)	1,350 원	D=B/C
유사회사 평균 PER(배) (E)	40.15	E
주당 평가가액 (F)	54,203 원	F=D×E

자료 : 금감원 공시자료

로 확정되어 이 가격으로 상장을 완료하였다.

　기술성 평가를 통해 상장한 기업의 사례는 바이오기업인 올릭스다. RNA 기반의 신약개발기업으로 라이선스아웃을 통한 수익창출을 사업모델로 보유하고 있다. 주관사는 역시 NH투자증권이다.

　우선 올릭스의 사업특성을 반영하여 비교대상 기업들을 선정하였다.

1차로 사업의 유사성을 고려하여 비교대상 기업을 선정하였다. 2차로는 재무의 유사성, 3차는 비재무적 기준을 고려하여 비교기업을 선정하였다. 최종적으로 3개의 회사를 비교대상 기업으로 압축해 선정하였다.

그런데 이 대목에서 고려해야할 사항이 있다. 올릭스가 이익미실현 기업이라는 점이다. 그럼에도 비교대상으로 선정된 기업들은 모두 대규모의 이익을 시현한 기업들이다. 그리고 앞서 이익실현기업인 덕산테코피아의 경우에는 신고서 제출일 직전 4분기의 실적을 고려해서 비교대상 기업의 PER을 적용했다는 점도 마찬가지다.

올릭스는 이익미실현 기업이어서 2021년에 라이선스 아웃을 통한 계약금 및 마일스톤 금액을 수취해서 이익을 시현한다는 가정 하에 비교기업의 PER을 적용하였다. 즉, 미래가정이 많이 들어간다.

이렇게 해서 산출된 올릭스의 적정주가는 5만4,203원으로 산출되었다. 주관사에서는 여기에 적정할인율을 적용하여 공모가 밴드를 2만6,000~3만원으로 제시하였고, 수요예측에서 좋은 결과가 나와서 결국 최종 공모가 3만원으로 상장하였다.

8. 신규상장과 주가지수의 상관관계

연초에 신문지상을 펼치면 올해는 몇 개 기업이 상장하고 그 중 공모주 대어는 어떤 기업이 될 것이라는 식의 기사들을 어렵지 않게 보게 된다.

하지만 신규상장이 전체 주식시장에 항상 긍정적인 영향을 미치는 것은 아니다. 전체 주식시장을 놓고 생각해보자. 시장 전체의 시가총액은 결국 '주식 수 × 주가'로 결정된다.

하지만 A라는 종목이 신규로 상장하면 결국 주식수가 하나 더 늘어나는 게 된다. 그렇다면 기존 상장되어 있던 주식들은 늘어난 주식 수만큼 주가가 하락해야 한다. 이를 크게 보면 시장 전체의 희석효과Dilution라고 볼 수 있다.

한 해에 100개의 종목이 신규상장 된다고 하면, 기존에 주식을 보유한 투자자들은 늘어난 주식 수만큼 주가하락의 리스크를 떠안아야 한다. 이런 식으로 기존 주식의 주가가 하락하게 되면, 주가지수는 당연히 부정적인 영향을 받고 침체된다.

현재 우리 주식시장이 그렇다. 거래소가 1년에 몇 개를 상장시키겠다는 목표에 따라 수많은 기업을 상장시키면 기존에 상장되어 있던 기업은 피해를 입게 된다.

이런 일을 미연에 방지하기 위해서는 매년 신규상장되는 기업의 숫자를 대폭 줄이거나, 기존에 상장된 기업 중에 경쟁력이 떨어지는 곳을 상장되는 숫자만큼 퇴출시켜서 시장 전체의 희석효과를 막아야 한다. 하지만 상장은 연중 계속되는데 퇴출은 별로 되지 않다보니 계속해서 기존 주식의 희석효과가 나타나게 되고 주가가 지지부진한 것이다.

✓ 체크 포인트

❶ 공모주 투자는 신규상장을 앞둔 기업이 공모를 통해 자본시장에서 자금조달을 할 경우, 개인투자자들이 일반청약을 통해서 해당 기업의 유상증자에 참여를 하는 것이다.

❷ 국내 상장제도는 상장방식의 다각화를 통해 시장 규모를 더 키우고 있는 중이다. 기술성 평가 특례상장, 사업모델 평가 특례상장, 이익미실현 기업 상장, 성장성 평가 특례상장 등이 그것이다.

❸ 공모주 투자는 공모가격 결정과정이 관건이다. 공모주의 매력이 여기에 있다. 저평가 된 공모주 하나가 단기간에 큰 차익 실현으로 이어지기 때문이다.

❹ 국내 상황 못지않게 관심을 끄는 것이 해외증시다. 고공행진을 이어가고 있는 미국증시가 대표적이다. 첨단기술기업 중심의 과학혁신판 '커촹반'을 출범시킨 중국증시 역시 마찬가지다. 세계 3대 바이오 증시로 급부상한 홍콩증시도 주목할 만하다.

6장

'수익성과 안정성을 동시에!' 세컨더리 투자

1. 세컨더리 투자에 주목하는 이유

우리 자본시장에서 투자금을 회수할 수 있는 방법은 IPO가 대부분이고, 다른 방법을 통한 투자금 회수가 어렵기 때문에 M&A 시장을 활성화해야 한다는 기사를 접할 때가 많이 있다. 해외 자본시장, 특히 미국 자본시장은 IPO 외에 M&A를 통한 투자금 회수가 더 일반화되어 있다고들 한다.

실제로도 국내 자본시장은 회수시장의 부진으로 국내 벤처생태계는 투자-회수-재투자로 이어지는 선순환 구조가 선진국 시장에 비해 미흡한 상황이다.

국내 M&A 회수시장 기능이 미약한 가운데 IPO에 대한 의존도가 너무 높다. 이것은 세컨더리 투자의 탄생 배경이기도 하다.

세컨더리 투자는 기발행된 주식(보통주, 우선주, 주식연계형 채권을 모두 포함)을 인수하는 방식의 투자다.

기관투자자들 특히 벤처캐피탈이나 신기술투자자가 투자한 기업이 있다고 가정하면 이 기업이 IPO를 하기 위해서는 오랜 기간이 소요된다.

하지만 벤처캐피탈이나 신기술투자자가 운용하는 벤처투자조합 또는 신기술투자조합은 투자기간과 조합만기일이 설정되어 있다. 통상 만기가 5년에서 7년 사이다. 이 기간 동안 투자한 기업이 IPO에 성공하면 다행이지만 그렇지 않은 경우가 대부분이다. 그러니 투자금을 회수하기 위해서는 누군가가 이를 매입하는 것 말고는 방법이 없다.

이때 이를 매입하는 역할을 하는 것이 세컨더리 투자조합이다. 세컨더리 투자조합은 곧 IPO을 앞둔 기업의 기발행 주식 혹은 채권에 투자를 하거나, 조합만기로 인해서 시장에 나온 매물을 거둬들이는 역할을 주로 수행한다.

국내에서는 벤처캐피탈과 신기술투자회사, 사모펀드를 중심으로 다양한 세컨더리 투자조합이 결성되어 있다. 이들은 주로 산업은행이나 국민연금, 한국모태펀드, 한국성장금융과 같은 기관투자자들의 자금을 받아서 활발하게 투자하고 있다.

1) '회수기간 짧고 리스크 낮은' 세컨더리 펀드

투자자 입장에서 투자를 결정짓는 가장 중요한 기준은 당연히 수익성과 안정성이다. 여기에 세컨더리 펀드에 투자하는 이유가 있다. 일반적으로 세컨더리 펀드는 신주 위주로 투자하는 일반 벤처캐피탈 펀드에 비해 회수기간이 짧고 리스크도 낮다. 따라서 프리IPO 단계 투자를 통해 양호한 수익성 및 안정성을 기대할 수 있다.

사정이 이렇다보니 기관투자자는 세컨더리 펀드를 선호할 수밖에 없고, 세컨더리 펀드 결성도 매년 늘어나는 추세다.

2) 세컨더리 투자의 2가지 형태

세컨더리 투자는 크게 ①벤처캐피탈조합과 신기술조합을 중심으로 이루어지는 세컨더리 투자와 ②사모펀드 중심으로 이루어지는 세컨더리 투자로 나눠볼 수 있다.

벤처캐피탈조합과 신기술조합을 중심으로 이루어지는 세컨더리 투자는 주로 신주 위주로 투자한 창투조합의 출자지분을 IPO 전에 인수하는 경우가 대부분이다. 앞서 언급한 대로 신주 위주의 창투조합은 조합만기가 5~7년인 경우가 많다. 때문에 비상장기업에 투자한 이후에 상장 전에 청산해야 하는 경우가 많다. 이런 자산을 세컨더리 조합이 인수하는 것이다.

인수 후에는 다른 세컨더리 조합에 매각하는 경우도 있다. 하지만 상장에 임박해서 인수하는 경우가 많기 때문에 대부분 상장될 때까지 기다리게 된다. 상장 이후 인수단가 이상으로 주가가 오르게 되면 처분하고 투자금을 회수한다.

또 다른 형태는 사모펀드 중심으로 이루어지는 세컨더리 투자다. 이는 세컨더리 바이아웃 Secondary Buyout 투자라고 이름 붙일 수도 있는데, 최근 급성장하는 분야다. 앞서 4장에서 사모펀드에 관해 설명하며 언급한 대로 국내 사모펀드 시장은 매년 큰 폭으로 성장하고 있다.

독립계 운용사, 증권사 등 사모펀드 운용사들은 LP들의 출자를 받아 사모펀드 결성을 주도하고 있다. 이들이 결성한 사모펀드는 단순 지분투자에도 사용되지만 경영권 인수를 위한 투자에도 많은 자금이 투입된다.

바이아웃 딜은 통상적으로 100% 지분이나 과반수 이상을 인수하게

표 6-1 | 2019년 주요 세컨더리 바이아웃 딜

바이아웃 대상	매도자	매수자
유모멘트	유니슨캐피탈	에버그린
한국자산평가	유진PE	캐터스PE
지오영	엥커에쿼티파트너스	블랙스톤
애큐온캐피탈 / 저축은행	JC플라워즈	베어링PEA
윌비에스엔티	카무르PE	웰투시인베스트먼트
일성	카무르파트너스	이큐파트너스
삼양옵틱스	VIG파트너스	LK투자파트너스
공차코리아	유니슨캐피탈	TA어소시에이츠

자료 : 헤럴드경제

되는데, 이 경우 지분분산이 제대로 안되어 있기 때문에 바로 상장을 청구하는 것은 불가능하다. 그리고 사모펀드가 최대주주인 회사는 회사를 재매각하는 것이 목표이기 때문에 한국거래소에서도 이런 경우 상장에 우호적이지 않다.

그렇기 때문에 사모펀드에서 바이아웃 딜로 인수한 회사는 전략적 투자자나 혹은 다른 사모펀드에 매각을 해야 한다. 최근 전략적 투자자들이 경기 상황을 감안해 투자를 공격적으로 하지 않으면서 결국은 사모펀드에 다시 재매각 하는 경우가 늘고 있는 상황이다.

결론적으로 사모펀드가 바이아웃 딜을 한 회사를 다시 사모펀드가 인수하는, 이른바 세컨더리 바이아웃 딜이 급증할 수밖에 없는 이유가 바로 여기에 있다.

투자 나침반을 제대로 읽어라! (31)

| 세컨더리 투자 성공 사례 : 펄어비스 |

펄어비스는 대중들에게도 '검은사막'이라는 게임 개발사로 잘 알려진 기업이다. NHN의 유명 게임PD 출신인 김대일 대표가 2010년에 설립했다.

검은사막은 김대일 PD의 독특한 액션성, 타격감, 뛰어난 그래픽을 바탕으로 국내외에서 게임 순위 상위권에 올랐다. 2014년 12월 국내에서 서비스를 처음 선보였다. 이어 일본(2015년 5월), 러시아(2015년 10월), 북미/유럽(2016년 3월) 등으로 시장을 넓혔다.

펄어비스는 IBK캐피탈이 투자한 세컨더리 투자의 성공사례다. 투자한 시점은 2016년 중반이다. 북미/유럽 시장에서 막 출시가 되어 매출액이 급성장하고 있던 시점이었다.

모바일 게임과 달리 온라인 게임은 게임플랫폼인 스팀STEAM을 통해 유료판매가 이뤄진다. 검은사막은 북미/유럽 서비스가 개시 이후 일간 동시 접속자 10만명, 개시 첫 달 북미/유럽 총매출만 390억원(서비스 매출 250억원, 패키지 선판매분 140억원)을 기록했다. 펄어비스의 순매출은 127억원이었다.

실로 어마어마한 성장세였고, 거래되는 구주의 가치도 약 3,200억원 수준이었다. 하지만 아직 중국시장 진출과 모바일 게임 출시라는 업사이드 포인트가 남아 있었고, 기존 투자자들은 조합만기로 인해 보유주식을 팔아야 하는 상황이었다. 한마디로 구주 거래가 활발하게 발생하던 때였다.

검은사막은 MMORPG게임으로, 게임방식으로 보면 엑스엘게임즈의 아키에이지와 매우 유사하다. 한국, 일본, 러시아, 북미, 유럽 등 서비스 국가에서 아키에이지를 뛰어넘는 성적을 기록 중이었다.

중국에서도 아키에이지의 성적을 뛰어넘을 것이란 전망이 지배적이었다. 투자 당시 검은사막은 중국 퍼블리셔 계약이 이루어지지 않아 큰 금액의 계약금을 받고 판권이 계약될 가능성이 열려 있었고, 적어도 아키에이지의 중국 서비스 계약 조건 이상을 받을 것으로 기대되었다(아키에이지 텐센트 계약금 140억원, 미니멈 개런티 380억원).

펄어비스는 검은사막의 모바일 게임 출시도 준비하고 있었는데, 투자

그림 6-1 | 펄어비스의 주가 추이

자료 : 네이버증권

당시에는 게임엔진 개발단계에 있었다. 검은사막의 자체 엔진을 활용하여 테스트를 하고, 엔진 완성 후 검은사막과 동일한 리소스 및 프로세스를 활용할 수 있어 빠르게 게임 출시와 업데이트가 가능할 것으로 판단되었다.

또 김대일 PD의 액션 구현 능력은 이미 업계에 인지도가 높아 모바일 게임을 제작한다는 소식만으로도 네시삼십삼분, 게임빌 등 주요 퍼블리셔의 계약 요청이 쇄도하던 상황이었다. 이후 중국에서 판호 발급이 지연되면서 퍼블리셔 계약은 하지 못했지만, 모바일 게임은 2018년에 출시가 되었다.

펄어비스는 2017년 9월 코스닥 상장에 성공하면서 구주를 매입한 기관투자자에게 큰 수익을 안겨주었다. 현재에도 2조원이 넘는 시가총액을 형성하면서 코스닥의 주요 종목으로 자리잡았다.

투자 나침반을 제대로 읽어라! (32)

| 세컨더리 바이아웃 투자 성공 사례 : 모델솔루션 |

최근 세컨더리 시장에서 사모펀드들의 존재감이 커져가고 있다. 바이아웃 딜의 매도자 및 매수자로서 역할과 활동이 동시에 늘어나고 있다. 이는 나름 이유가 있다. 저금리의 장기화로 자본시장에 유동성이 풍부해졌고, 독립계 운용사들 중심으로 신규 사모펀드 설립이 증가하고 있다. 회계법인 FAS 출신, 전략컨설팅 펌에 재직중이던 우수한 인력들이 대거 사모펀드 시장으로 이직하면서 사모펀드 시장에 전문가들이 풍부해졌기 때문이다.

이같은 시장환경 속에 자본시장이 성숙한 해외에서는 일반화된 사모펀드 간 거래인 세컨더리 바이아웃이 국내에서도 눈에 띄게 빠르게 증가하고 있다.

사모펀드에 출자한 주요 LP들 입장에서도 투자 기간 안에 투자금 집행을 마무리하는 것이 최우선 과제다. 그러다보니 투자금을 보다 적극적으로 집행하도록 사모펀드 운용사들에게 무언의 압력을 넣고 있다. 때문에 운용사들이 세컨더리 바이아웃 시장으로 눈을 돌리고 있는 것이다. 국내 사모펀드들이 이미 높은 수준의 전문성과 글로벌 역량, 네트워크를 갖추고 있어 글로벌 사모펀드와의 거래도 늘어나고 있다.

IBK캐피탈이 LP로 참여했던 모델솔루션의 경우는 과거 100% 바이아웃 딜로 카무르파트너스가 인수한 후에 이를 다시 사모펀드인 스카이레이크와 크레센도에 매각한 케이스다.

모델솔루션은 디자인 목업Mock-Up을 제작하는 회사다. 목업 사업은 디자인 또는 작동을 테스트하기 위한 모형의 제작과 모형 제작 방식의 비철금속을 가공하는 것이다. 고객의 보안을 최우선으로 짧은 납기에 정밀한 가공이 필요한 사업이다. 모델솔루션은 당시 글로벌 IT, 의료기기 회사들을 고객군으로 확보하면서 기술력과 고객대응력을 확보하고 있었고, 인수 직전년도에 100억원이 넘는 상각전영업이익을 기록한 우량한 회사였다.

운용사이던 카무르파트너스는 모델솔루션의 현금창출능력과 향후 스마트폰 시장의 성장성을 높이 평가하고 2012년에 인수를 결정했고, 대주주와 협의 끝에 낮은 밸류로 인수에 성공할 수 있었다.

인수 이후에 전문경영인을 선임하고 시설투자, 영업채널 확대를 통해서 회사 실적을 끌어 올렸고, 결국 2년도 안된 시점인 2014년에 모델솔루션을 스카이레이크와 크레센도 펀드에 매각할 수 있었다.

이후 모델솔루션은 크레센도가 지분을 추가로 인수해 보유하다가, 최종적으로 한국타이어그룹으로 경영권이 다시 매각되어 현재에 이르고 있다. IBK캐피탈이 투자할 당시 200억원대의 매출액을 기록했지만, 2018년 500억원이 넘는 매출액을 기록하면서 매년 성장을 거듭하고 있다.

2. 'LP 지분 유동화 펀드'의 출현

최근에는 사모펀드나 신기술조합, 그리고 창투조합 등의 LP 지분을 조합청산 전에 인수하는 LP 지분 유동화 펀드가 시장에서 조성되고 있다. 해외에서는 규모도 상당히 크고 역사가 오래되었지만, 국내에서는 아직 초기단계다.

GP들은 수익률을 최대한 확보하기 위하여 전통적인 세컨더리 펀드에 자산을 매각하거나 M&A를 통한 회수 등 수익원천을 다양화하기 위하여 노력하고 있다. 하지만 이러한 노력에도 불구하고 펀드의 최초 원금배분 시점 자체가 바뀌는 것은 아니다. 투자기간이 종료되고 회수기간이 시작되어야만 개시된다. 투자자산 회수가 지연될 경우가 발생해도 펀드 청산 전에 출자금을 배분 받을 수 있는 방법은 사실상 없다고 봐야 한다.

이것이 LP 지분 유동화 펀드가 등장하게 된 배경이다. 펀드의 LP 입장에서는 이렇게 하면 투자자산 회수시기를 앞당길 수 있다. 이런 이유로 국내에서도 조합의 LP 지분을 유동화 하는 펀드가 출현했다. K2인베스트먼트가 최초로 2014년에 LP 지분 유동화 펀드를 결성하였으며, 2017년에 내부수익률 16.8%로 청산까지 완료한 바 있다.

1) 투자자산 회수시기 앞당기는 효과가 '매력'

펀드의 LP들은 ①정책금융기관 ②장기 운용으로 대체투자 분야의 투자 포트폴리오를 갖추고자 하는 연기금 및 금융기관 ③펀드의 투자 목표에 따른 사업제휴/신사업 발굴 등 전략적 효과를 기대하고 출자하는 전략적 투자자 ④여유자산을 운용하고자 하는 개인 또는 일반법인 등으로 구분할 수 있다.

이 가운데 정책금융기관과 연기금 및 금융기관은 포트폴리오 전략 상 거의 예외 없이 펀드의 만기까지 보유하는 경향이 있다.

반면 전략적 투자자들은 투자기간이 종료되어 전략적 목표가 어느 정도 달성될 경우 펀드 출자로 인한 금융적 수익보다는 회수 후에 유사한 성격의 다른 펀드에 새로 출자하는 것을 선호함으로 출자지분에 대한 중도 매각의 요인이 있다.

여유자산을 운용하는 개인 및 일반법인의 경우에도 개개인의 자금 소요 등 특별한 사정에 의해 다소 수익률에 손해를 보더라도 조기에 회수하고자 하는 수요가 발생하곤 한다.

GP들은 펀드의 최종 청산수익률이 가장 중요한 관건이다. 하지만 LP

입장은 다르다. 잔여 포트폴리오의 비중을 고려할 때 실질적인 투자자산 보유기간^{Duration}이 가장 중요한 의사결정 요인이다. 따라서 LP들은 펀드 만기를 연장하여 추가적인 수익을 실현할 가능성이 있음에도 불구하고 청산을 희망하는 경우가 많다.

이런 경우 GP는 LP의 지분을 타기관을 통해 매입하게 해주고 펀드 만기를 연장하여 충분한 회수 기회가 올 때까지 기다림으로써 수익을 극대화할 수 있다.

2) 해외 사례 체크

해외 펀드들은 구주나 기발행 증권의 인수에 대해 특별한 제약이 없다. 주로 세컨더리 펀드들의 인수대상이 출자지분의 매입 및 관련 구조화금융$^{Structured\ Finance}$에 초점이 맞추어져 있다.

해외 출자자들은 전체적인 포트폴리오 운용전략의 변경에 따라 출자지분 매각을 적극 시행하고 있다. 매년 대형 딜이 성사되고 있는 가운데 단일 건으로 10억달러에 육박하는 경우까지 등장하고 있는 상황이다. 2011년 캘리포니아연기금^{Calpers}은 단일 건으로 8억달러에 대한 출자지분을 매각한 사례가 있으며, 2012년에는 뉴욕시은퇴연금에서 975백만불을 매각하기도 하였다.

출자지분 세컨더리 인수 시장의 규모는 지속적으로 증가해 2017년 하반기에만 약 4,000억달러의 거래가 이루어지기도 했다. 이는 2015년 기준보다 약 5배 성장한 규모다.

해외시장의 특징은 운용사가 적극적으로 출자자의 요구사항을 반영하여 출자지분을 유동화 하는 데 도움을 주거나 일반적인 세컨더리 자산 매각을 통한 포트폴리오 조정을 수행한다는 점이다.

3) 국내 상황은 '아직 초기 단계'

국내 펀드의 연도별 출자자 구성 비율을 살펴보면 2014년의 경우 모태펀드, 산업은행, 성장사다리펀드, 기타 정책금융기관의 출자비율이 펀드 전체 결성규모의 40%에 달하는 수준이었다. 하지만 2018년의 경우 그 규모가 33.5%로 축소되었다.

반면 LP 지분 유동화 시장에서 중요한 출자자라고 판단되는 개인 및 일반법인의 경우는 오히려 늘어나고 있는 추세다. [표 6-2]를 보면 2014

표 6-2 | 연도별 펀드 출자자 구성 비율

출자자 구분		2014년	2015년	2016년	2017년	2018년
정책펀드	모태펀드	14.3%	23.2%	22.0%	25.1%	20.0%
	산업은행	12.2%	4.3%	6.0%	5.1%	3.8%
	성장사다리	11.5%	8.5%	3.9%	3.2%	4.1%
	기타	2.1%	6.5%	6.7%	5.7%	5.6%
	소계	40.1%	42.5%	38.6%	39.1%	33.5%
민간출자	금융기관	10.5%	20.9%	16.6%	18.9%	26.5%
	연금/공제회	20.2%	4.4%	9.3%	9.5%	11.6%
	VC	11.5%	12.1%	13.0%	11.4%	10.4%
	일반법인 및 개인	14.5%	18.2%	21.5%	20.1%	17.7%
	외국인	3.2%	1.7%	1.0%	1.1%	0.2%
	소계	59.9%	57.5%	61.4%	60.9%	66.5%
합계		100.0%	100.0%	100.0%	100.0%	100.0%

자료 : 한국벤처캐피탈협회

표 6-3 | 연도별 펀드 신규 투자 현황

구분	투자(억원)	투자개수(건)	투자잔액(억원)	누적업체(건)
2014년	16,393	901	46,255	2,573
2015년	20,858	1,045	55,552	2,916
2016년	21,503	1,191	65,058	3,202
2017년	23,803	1,266	77,138	3,639
2018년	34,249	1,399	95,000	4,136

자료: 한국벤처캐피탈협회

표 6-4 | 연도별 펀드 투자자산 회수 현황 (단위: 억원)

회수 방식	2014년	2015년	2016년	2017년	2018년
IPO	1,624	2,844	2,882	2,338	2,825
M&A	164	172	374	331	408
프로젝트	1,914	1,945	2,245	1,661	2,192
주식 매각/상환	3,448	4,477	4,385	4,852	5,303
채권 매각/상환	1,477	1,967	1,220	1,181	1,362
기타	269	369	541	457	680
합계	8,896	11,774	11,647	10,820	12,770

자료: 한국벤처캐피탈협회

년 14.5%(3,796억원)에서 2018년 17.7%(8,296억원)로 확대된 것을 알 수 있다.

또 [표 6-3]에 따르면 2014년 901개 기업에 1조6,393억원의 신규투자가 집행되었으며, 2018년에는 그 규모가 더 커졌다. 1,399개 기업에 3조4,249억원의 신규투자가 집행되었다. 신규투자 건수와 금액이 2014년 대비 2018년에 2배 이상으로 증가하였다.

하지만 여기서 한 가지 주목해야 하는 대목이 있다. 바로 펀드 결성규모 대비 회수 자산 규모다. 펀드의 결성규모에 비해 회수된 자산이 충분한 규모로 증가했다고 보기는 어렵다는 점 때문이다.

[표 6-4]의 연도별 펀드 투자자산 회수 현황을 살펴보면, 2014년 총 회수금액이 8,896억원에서 2018년 1조2,770억원으로 143% 증가하였다. 하지만 이는 2배 이상 증가하고 있는 신규투자 규모에는 미치지 못하는 수준이다.

회수 방식별로 구분 해봐도 결과는 마찬가지다. IPO, 장외매각, 상환 등의 증가 폭이 유사한 수준을 기록했을 뿐이다. 다만 여기서 특이한 것은 M&A를 통한 투자금 회수 방식이다. 회수 규모가 2014년에 비해 2018년 2배 이상 늘었다. 하지만 M&A 회수 방식은 전체에서 차지하는 비중이 너무 작다. 전체 회수금액 대비 3%대에 불과한 수준이다.

매년 벤처캐피탈 투자유치 후 IPO되는 기업의 건수도 2014년 33건에서 2018년 47건으로 유사한 수준으로 증가하고 있다.

결론적으로, 투자잔액은 빠르게 늘어나고 있는데 정작 회수는 더딘 상황이다. 바로 이 때문에 LP 지분 유동화 펀드에 대한 요구가 발생한다.

국내에서는 LP 지분 유동화 펀드의 역사가 짧기 때문에 현재까지 국내에 조성된 LP 지분 유동화 펀드는 많지 않다. 이제까지 단 4개의 펀드가 만들어졌을 뿐이다. 현재까지도 운용 중인 펀드는 3개에 불과하다.

2014년 처음으로 K2인베스트먼트가 신한K2세컨더리투자조합을 결성해 2017년 청산했다. 이후 2016년 네오플럭스와 스마일게이트인베스트먼트가 LP 지분 유동화 전용 세컨더리 펀드 운용사로 선정되었다. 네오플럭스는 한국성장금융, 스마일게이트는 한국벤처투자로부터 각각 출자를 받았다.

투자 나침반을 제대로 읽어라! (33)

| 국내 LP 지분 유동화 펀드 조성 사례 : 네오플럭스 |

국내에서는 한국벤처투자와 한국성장금융에서 앵커출자자로 참여하여 LP 지분 유동화 펀드를 조성한 사례가 있다. 네오플럭스의 경우가 그 가운데 하나다.

네오플럭스는 두산그룹 계열의 창투사로 출발하였으며, 국내에서 처음으로 세컨더리 펀드를 운용한 역사를 보유하고 있다.

네오플럭스는 2016년에 처음으로 LP지분 유동화 펀드인 '네오플럭스 마켓프론티어 세컨더리 펀드'를 성장금융의 출자를 받아서 결성했다. 최소 결성금액은 600억원이었지만 민간 LP로부터 많은 자금을 유치하면서 760억원으로 결성을 완료했다. 이 펀드는 창업투자조합 형태로, 창업투자조합과 신기술투자조합 LP 지분이 유동화 대상이다. 사모펀드 LP 지분 유동화는 자본시장법상 해당 지분을 유동화하는 펀드가 조성이 되어야 하는데 국내에서는 아직 결성된 사례가 없었다.

네오플럭스는 이 조합을 활용해 IMM 세컨더리 펀드에 LP로 참여한 국내 금융기관의 지분을 유동화 하는데 성공했다. 1년만에 기준금리 이상으로 스프레드를 붙여서 유동화 했으며, 해당 지분은 개인신탁 지분이라 개인 출자자들의 만족도가 컸다고 알려진다.

네오플럭스가 보유한 LP 지분 유동화 펀드는 투자기간이 지났거나 투자소진이 완료된 조합만 가능하기 때문에, 이 부분이 제약조건으로 작용했다. 하지만 운용 3년만에 주목적투자를 모두 집행했고, 2호 펀드를 준비하고 있다.

LP 지분 유동화 펀드가 적정 수익률을 시현하기 위해서는 인수 시 해당 조합에서 투자되어 있는 투자자산에 대한 밸류에이션을 적절하게 하는 것이 핵심이다. 인수하고자 하는 펀드 운용사의 협조를 얻기가 사실상 힘들고, 개별 자산에 대한 밸류에이션에 시간을 너무 할애하게 되면 투자기회를 놓칠 수 있기 때문이다.

네오플럭스는 영업보고서를 기준으로 상장사의 경우 시가를 입력하고, 비상장사의 경우는 통상적으로 장부가를 적용하여 기업가치를 산정하였다. 장외에서 높은 가격에 거래되는 핵심 자산이 있다면 그 부분은 별도로 밸류에이션을 해주었다. 현재까지 펀드운용은 순항 중이고, 성공 사례로 기록될 듯하다.

국내 LP 지분 유동화 펀드의 첫 사례는 K2인베스트먼트가 보유하고 있고, 두 번째 펀드 사례는 스마일게이트인베스트먼트가 보유하고 있다. 모두 모태펀드의 출자를 받은 조합으로, 성장금융의 출자를 받은 네오플럭스의 펀드와는 차이점이 있다.

✓ 체크 포인트

❶ 세컨더리 투자는 이미 발행된 주식(보통주, 우선주, 주식연계형 채권을 모두 포함)을 인수하는 방식의 투자다. 투자를 결정짓는 가장 중요한 기준인 수익성과 안정성을 동시에 꾀할 수 있다는 것이 장점이다.

❷ 세컨더리 펀드는 신주 위주로 투자하는 일반 벤처캐피탈 펀드에 비해 회수기간이 짧고 리스크도 낮다. 사정이 이렇다보니 기관투자자는 세컨더리 펀드를 선호할 수밖에 없고, 세컨더리 펀드 결성도 매년 늘어나는 추세다.

❸ 사모펀드 중심으로 이루어지는 세컨더리 투자 방식도 있다. 최근 급성장하는 분야다. 사모펀드가 바이아웃 딜을 한 회사를 다시 사모펀드가 인수하는, 이른바 세컨더리 바이아웃 딜 방식이다.

❹ 사모펀드나 신기술조합, 창투조합 등의 LP 지분을 조합청산 전에 인수하는 LP 지분 유동화 펀드도 있다. 펀드의 LP 입장에서는 이렇게 하면 투자자산 회수시기를 앞당기는 효과가 있다.

마무리 글

이 책을 마무리하는 2020년 초 시점에서 보면 국내 주식시장은 수년째 박스권을 벗어나지 못하고 있다. 금융위기 이후 시작된 양적완화로 미국 S&P 500과 나스닥은 사상 최고치를 경신하고 있는 것과는 대조적이다. 시중 부동자금이 부동산에 쏠리고 있는 것도 이유가 될 수 있지만, 최근 주식형 펀드에서 자금이 썰물처럼 빠져나가고 있는 것을 보면 앞이 막막한 게 사실이다.

상장주식 투자시장은 개선될 조짐이 그다지 보이지 않는다. 최근에는 개인투자자들이 눈을 밖으로 돌리고 있다. 미국증시나 중국증시에서 우량 주식을 매수하는 경우가 늘고 있다.

마이크로소프트는 클라우드 서비스를 바탕으로 최근에 주가가 급등하며 시가총액 글로벌 1위 기업으로 우뚝 섰다. 이른바 FANG(페이스북, 아마존, 넷플릭스, 구글) 기업들도 4차 산업혁명을 이끌면서 국내 개인투자자들의 투자대상으로 관심을 받고 있다.

중국도 내수시장의 잠재력을 바탕으로 5G기업, 소비재 기업, 바이오 헬스케어 기업들의 주가가 가파르게 오르고 있는 상황이다.

반면 우리나라는 삼성전자와 하이닉스를 비롯한 반도체 기업, 네이버와 카카오 같은 인터넷 기업 등을 제외하면 딱히 투자할만한 성장성 있는 기업이 눈에 들어오지 않는다. 4차 산업혁명으로 공유경제, 핀테크 등이 새로운 화두가 되고 있지만, 이런 산업을 선도하는 회사를 국내 증시에서 찾아보기 어려운 실정이다. 투자자들은 이제 나름 대안을 찾아야 한다.

기업 생애주기에 따른 대체투자 시장은 새롭게 떠오르는 '투자의 영토'다. 이곳에 우리가 찾는 '답'이 있다고 생각한다.

기업은 창업기-성장기-성숙기-쇠퇴기를 거친다. 각 단계별로 기관투자자들은 기업에 대한 대체투자에 공을 들이고 있다. 연기금 등 기관투자자들의 실적만 봐도 그렇다. 상장주식 운용실적은 갈수록 나빠지고 있지만, 메자닌 투자나 사모펀드 LP 출자, 세컨더리 펀드를 통해 운용하는 대체투자 수익률은 빠른 속도로 올라가고 있다.

시중에 풍부한 유동성을 바탕으로 창투사, 신기사, 사모펀드 운용사들이 앞다퉈 펀드를 결성하고 있다. 이에 발맞추어 정책기관들도 출자사업을 시행하고 앵커투자자 또한 자처하고 있다. 펀드 결성 금액은 향후 수년간 급속히 늘어날 것이 자명하다.

굳이 상장을 하지 않아도 투자금을 회수할 수 있는 세컨더리 시장도 갈수록 확대되고 있다. 이렇게 되면 창업기와 성장기 기업들에 대한 투자 및 투자금 회수 기회가 이전과는 달리 새로운 양상으로 확장될 것이다.

투자의 패러다임을 바꿔야 한다면 그 첫 번째 수순은 새로운 영토를 발견하는 데 있다고 생각한다. 투자자들이 만족할만한 수익을 올릴 수 있는 그런 곳을 말이다.

대체투자는 이제 대세다. 기업 생애주기 맞춤형 대체투자 시장과 관련 상품에 주목해야 한다.

*

이 책이 투자업무에 관심이 있는 많은 분들에게 조금이나마 지식을 전달해주고, 더 나아가 투자수익률 제고에도 도움이 되었으면 하는 바람이다.

블로그에 글을 연재하면서 언젠가는 책으로 출간하면 좋겠다는 생각을 하기도 했다. 업무로 바쁜 와중에 글을 쓰느라 오래 걸렸다. 동기부여를 해준 아내와 많은 관심을 가져준 딸에게 고마운 마음을 전하고 싶다. 부족한 원고를 세상에 나오게 해준 출판사 관계자들에도 같은 마음이다.

미주

1) 조기상환청구권(Put Option)에 관한 사항 : "본 사채의 사채권자는 본 사채의 발행일로부터 12개월이 되는 20**년 **월 **일 및 이후 매 3개월에 해당되는 날에 본 사채의 권면금액의 전부 또는 일부에 대하여 그 권면금액 및 이에 대하여 조기상환수익률이 적용된 본 항 제1호의 조기상환 청구 금액을 만기 전 조기상환 할 것을 청구할 수 있다. 단, 조기상환지급일이 영업일이 아닌 경우에는 그 다음 영업일에 상환하고 조기상환지급일 이후의 이자는 계산하지 아니하다." (자료 : 금융감독원)

2) 증권의 발행 및 공시에 관한 규정 사례 : [GS건설의 전환사채 할증발행 공시] "본 건 사채 발행을 위한 이사회 결의일 전일을 기산일로 하여 산정한 다음 각 목의 가액 중 높은 가액에 10%를 할증한 금액으로 한다. 단, 아래 산식에 의한 전환가액의 발행일 당시 유가증권 시장에서 발행인에게 적용되는 원단위 미만은 절상한다. 다음 각 목에서 '가중산술평균주가'라 함은 발행인의 보통주식이 해당 기간 동안 증권시장에서 거래된 총 거래금액을 총 거래량으로 나눈 가격을 말한다.
가. 직전 1개월 간 가중산술평균주가, 직전 1주일 간 가중산술평균주가, 최근일(기산일) 가중산술평균주가를 산술평균한 가액
나. 최근일(기산일) 가중산술평균주가
다. 청약일 전(청약일이 없는 경우 납입일) 제3거래일 가중산술평균주가"

3) 가격조정 조항의 사례 : "본 사채 발행 후 매 3개월이 경과한 날을 전환가격 조정일로 하고, 각 전환가격 조정일 전일을 기산일로 하여 그 기산일로부터 소급하여 산정한 1개월 가중산술평균주가, 1주일 가중산술평균주가 및 최근일 가중산술평균주가를 산술평균한 가액과 최근일 가중산술평균주가 중 높은 가액이 해당 조정일 직전일 현재의 전환가격보다 낮은 경우 동 낮은 가액을 새로운 전환가격으로 한다. 단, 위와 같이 산출된 전환가격이 발행 당시 전환가격(조정일 전에 신주의 할인발행 등 또는 감자 등의 사유로 전환가격을 이미 하향 또는 상향 조정한 경우에는 이를 감안하여 산정한 가액)의 70%에 미달하는 경우에는 발행 당시 전환가격의 70%에 해당하는 가액을 새로운 전환가격으로 본다."

4) 액면가 조정 조항의 사례 : "각 조정일 전일을 기산일로 하여 (i)그 기산일로부터 소급한 1개월 가중산술평균주가, 1주일 가중산술평균주가, 최근일 가중산술평균주가를 산술평균한 가액과 (ii)최근

일 가중산술평균주가 중 높은 가격이 직전 전환가액보다 낮을 경우에는 그 낮은 가격을 새로운 전환가액으로 한다. 다만, 발행회사 정관 단서에 따라 보통주식의 액면가액을 한도로 한다." (자료 : 금융감독원)

5) 영구 전환사채의 특약조항 사례 : [우리산업의 영구 전환사채 발행 공시] "인수인은 본 사채의 조기상환청구에 관한 권리가 없다. 본 사채의 발행회사는 아래 기간('조기상환기간') 중의 은행영업일에 본 사채 원금의 전부 또는 일부를 조기상환 할 수 있다. 본 사채의 발행회사는 본 사채의 발행일로부터 5년이 되는 날의 익일부터 7영업일이 되는 날까지의 기간 및 본 사채의 발행 5년 후 매 1년이 되는 날의 익일부터 7영업일이 되는 날까지의 기간 중의 은행영업일에 본 사채 원금의 전부 또는 일부를 조기상환할 수 있다. 발행회사는 조기상환시 조기상환하는 원금에
1) 본 사채 발행 후 5년이 되는 날의 익일까지 연단리 1%
2) 5년후부터 본 사채 발행 후 6년이 되는 날의 익일까지 연단리 9%
3) 6년후부터 본 사채 발행 후 7년이 되는 날의 익일까지 연단리 9%
4) 7년후부터 본 사채 발행 후 8년이 되는 날의 익일까지 연단리 10%
5) 8년후부터 본 사채 발행 후 9년이 되는 날의 익일까지 연단리 11%
6) 위 5)의 기간 말일의 익일부터 상환되는 날까지 연단리 12%를 만기수익률로 계산한 이자를 가산하여 지급하여야 한다. 발행회사는 조기상환하고자 하는 경우 해당 조기상환기간 초일의 15영업일 전까지 인수인에게 조기상환내역을 통지하여야 한다." (자료 : 금융감독원)

6) 차이나하오란이 밝힌 전환사채 발행 당시 자금사용 목적 : "당사는 당사의 회사인 중국 소재 장인신하오제지에 대여형식으로 금번 사모자금을 사용할 계획입니다. 사모자금은 기개설된 당사의 ○○은행 계좌로 입금될 것이며, 홍콩 내 등록처(The Companies Registry)를 대상으로 등록 절차를 완료한 후 원화 자금을 미달러화 자본금 전용계좌로 입금할 예정입니다. 동 계좌에서의 출금을 위해서는 자금사용과 관련된 계약서 등을 중국 외환관리국에 제출한 후 비준이 있어야 집행이 가능합니다. 상기 계약서는 주금납일 전에 진행을 원칙으로 하고 있으며 동사는 2015년 8월 19일 외환관리국에 외채 등기 신청 예정입니다."

7) 차이나하오란의 송금지연 이유 공시 내용 : "1) 498만불의 외환 송금 ▶인민은행에 따르면, 500만불 이하의 송금은 외환당국 승인 면제 사항이나, 당국은행의 심의 지연으로 인해 송금계획에 차질이 생기고 있습니다. 2) 400만불의 배당 ▶당사는 400만불 규모의 중국 자회사 배당을 재원으로 하여 CB를 상환할 예정입니다. ▶당사는 본 배당과 관련하여 2017년 8월 25일 자회사의 현금 현물 배당 결정을 공시하였습니다. ▶공시한 바와 같이, 세무국에 배당을 신청하였으나, 승인이 지연되고 있습니다. 이에 따라 배당계획에 차질이 생기고 있습니다."

8) 시가 대비 할증 : [교환가격 결정 예시] "최초 교환가액은 교환대상 주식 1주당 25,953원으로 한다. 교환가액은 발행인의 본 사채의 발행을 위한 이사회결의일(2017년 8월 25일) 전일을 기산일로 하여 「증권의발행및공시등에관한규정」 제5-22조(전환사채의전환가액결정)를 준용하여 산출한 기준가격(23,594원)의 110%에 해당하는 금액이다."

9) 전환가격 조정 : [교환사채 리픽싱 예시] "①호 및 ②호와 별도로, 사채 발행일부터 만기일 이전까지 사채 발행인 이후 매 3개월마다 대상회사 보통주식의 주가에 따라 교환가격을 조정한다. 각 조정일의 전일을 기준일로 산정한 산술평균가격[(1개월 거래량 가중평균주가 + 1주일 거래량 가중평균주가 + 최근일 가중산술평균주가)/3]과 최근일 가중산술평균주가 중 높은 가격이 그 이전의 교환가격보다 낮을 경우 그 가격을 교환가격으로 하향 조정한다(교환가격의 원단위 미만은 절상함. 의심의 여지를 피하기 위하여 명확히 하면, 주가가 오르더라도 교환가격을 상향조정하지 아니함). 단, 새로운 교환가액은 발행 당시의 교환가액(조정일 전에 신주의 할인발행 등 또는 감자 등의 사유로 교환가액을 이미 조정한 경우에는 이를 감안하여 산정한 가격)의 80% 이상으로 한다."

10) 전환우선주 발행 시 가격조정 조항을 단 경우 : [코스닥 상장 바이오 기업 제넥신의 전환우선주 발행 예시] "(1) 본 건 우선주는 1주당 1의결권이 있는 전환우선주식입니다.
(2) 우선배당 : 발행가액 기준 연 1.0% (비누적적, 비참가적 조건)
(3) 존속기간 : 발행일로부터 5년
(4) 전환권 : 본 우선주식의 주주는 정해진 기간 내에 우선주식의 전부 또는 일만주(10,000주) 단위 이상에 한해 분할하여 보통주로 전환할 수 있습니다.
(5) 전환기간 : 발행일(주금 납입일 익일)로부터 1년이 되는 날부터 존속기간 전일까지
    - 존속기간의 만기일 도래 시 모든 우선주는 보통주로 자동 전환
(6) 전환가격 : 발행가와 동일합니다.
(7) 전환비율 : 1 대 1
(8) 전환가격의 조정
(가) 본 우선주의 1주당 취득가격을 하회하는 가격으로 발행가격 등을 정하여 신주, 상환우선주, 전환우선주, 상환전환우선주, 전환사채 또는 신주인수권부사채 등 지분증권 또는 주식관련사채를 발행하는 경우 본 건 우선주의 전환조건 및 1주당 전환되는 보통주식의 수를 정하는 전환비율을 다음과 같이 조정합니다.
▶조정 후 전환가액 = [(조정 전 전환가액 × 기발행주식수) + (신발행주식수 × 1주당 발행가액)] / (기발행주식수 + 신발행주식수)
▶조정 후 전환비율 = 본건 우선주 1주당 취득가액 / 조정 후 전환가액
(나) 시가를 하회하는 발행가액으로 신주, 상환우선주, 전환우선주, 상환전환우선주, 전환사채 또는 신주인수권부사채 등 지분증권 또는 주식관련사채를 발행하는 경우에는 다음과 같이 전환가격을 조정합니다. 다만, 본호의 계산방법에 의한 조정 후 전환가격과 상기 제2항의 계산방법에 의한 조정 후 전환가격을 비교하여 낮은 가격을 조정 후 전환가격으로 합니다.
▶조정 후 전환가액 = 조정 전 전환가액 × [[기발행주식수 + (신주발행주식수 × 1주당발행가액 / 시가)] / (기발행주식수 + 신발행주식수)]
▶조정 후 전환비율 = 본건 우선주 1주당 취득가액 / 조정 후 전환가액
위 산식에서 '시가'라 함은 발행가격 산정의 기준이 되는 기준주가 또는 권리락주가(유상증자 이외의 경우에는 조정사유 발생 전일을 기산일로 하여 계산한 기준주가)로 한다.
(다) 위의 (가), (나)항에도 불구하고 (가), (나)항에 의해 조정되는 전환비율이 기존의 전환조건 조정에 의해 확정된 전환비율을 하회하는 경우 전환조건은 기존에 확정된 전환비율을 유지한다.

(라) 주식을 분할 또는 합병하는 경우 전환조건은 그 분할 및 병합의 비율에 따라 조정된다.
(마) 주식의 분할 또는 합병 등이 이루어지는 경우 그 사유가 발생하기 전에 본 건 우선주가 보통주로 전환되었다면 받을 수 있었던 대가가 우선주로서 받을 수 있는 대가보다 큰 경우에는 보통주로 전환되었다면 받을 수 있었던 대가가 보장되도록 본 건 우선주의 전환조건이 조정된다.
(바) 위의 전환조건 조정과는 별도로 우선주 발행일 이후 3개월이 지난 시점부터 매 3개월마다 전환가액을 조정하고, 각 조정일의 전일을 기준일로 산정한 보통주의 산술평균가액[(1개월 거래량 가중평균주가 + 1주일 거래량 가중평균주가 + 최근일 종가) / 3]과 최근일 종가 중 높은 가격으로 조정하되, 조정 후 전환가액이 조정 전 전환가액보다 높은 경우에는 그 중 낮은 금액으로 전환가격을 조정한다. (동 사유로 전환가액을 이미 조정한 경우에는 조정된 전환가액을 기초로 재조정하며, 산출한 조정 후 전환가액의 원단위 미만은 절상). 단, 최초 전환가액(조정일 전에 전환가액을 이미 조정한 경우에는 이를 감안하여 산정한 가액)의 100분의 70에 해당하는 가액 미만으로 조정되지 아니함."

용어 정리

벤처캐피탈Venture Capital : 고도의 기술력과 장래성은 있으나 경영기반이 약해 일반 금융기관으로부터 융자받기 어려운 벤처기업에 무담보 주식투자 형태로 투자하는 기업 또는 자본을 지칭.

창업투자회사 : 중소기업창업지원법에 따라 중소벤처기업부에 등록하여 창업자 또는 벤처기업에 대한 투자 등을 주된 업무로 하는 상법상 주식회사.

창업투자조합 : 중소기업창업지원법에 따라 중소벤처기업부에 등록하고 일정기간 창업자 또는 벤처기업에 투자한 후 그 성과를 조합원에게 배분하는 것을 목적으로 하는 조합.

신기술사업금융회사 : 여신전문금융업법에 의거하여 설립 가능하며, 상법상 주식회사로서 신기술사업자에 대한 투자 및 여신을 제공하며, 투자조합을 결성하여 운영할 수 있음.

신기술투자조합 : 여신전문금융업법에서 정하는 신기술사업자 중에서 조합의 존속기간 중 높은 성장이 기대되고 공개 가능성이 있다고 인정되는 기업을 선정하여 그 기업이 발행하는 증권에 투자한 후 그 성과를 조합원에게 배분하는 것을 목적으로 하는 조합.

출자금 : 출자금은 약정금액과 납입금액으로 나누어 볼 수 있으며, 출자약정금(Commitment Amount)은 각 출자자(LP 등)가 조합 및 펀드에 출자이행을 확약한 금액이며, 납입출자금(Capital Contribution)은 출자약정금 중 출자의무의 이행으로

써 펀드에 실제로 납입한 금액.

운용자산 : AUM(Asset under management). 운영 중인 조합의 전체 출자(약정)금액의 합계액.

업무집행사원 : GP(General Partner). 투자조합을 구성하는 출자자 중 조합(펀드)의 채무에 대하여 무한책임을 지는 조합원(사원)으로 조합규약(정관)이나 조합결의(총회)에 의하여 자기의 이름으로 조합(펀드)재산을 관리함.

유한책임사원 : LP(Limited Partner). 투자조합을 구성하는 출자자 중 출자액 한도로 유한책임을 지는 출자자.

앵커Anchor **출자자** : 펀드 전체 약정액의 50% 이상의 자금을 대는 기관투자자를 의미하며, 국내 주요 앵커 출자자로는 한국벤처투자, 성장사다리펀드, 산업은행, 국민연금 등이 있음.

유한회사 : LLC(Limited Liability Company). 최소한 2인 이상의 사원이 그들의 출자가액을 한도로 출자의무를 부담하는 회사.

기준수익률 : 펀드에 출자하는 출자자의 목표수익률(Hurdle Rate)을 말함. 목표수익률은 업무집행사원이 유한책임사원에게 제시하는 운용수익률이며, 이 기준수익률을 초과하는 운용성과가 나와야 성과보수를 받을 수 있음.

내부수익률 : IRR(Internal rate of return). 조합원의 출자 등으로 조합이 운용하는 금액의 현재가치가 조합원에게 분배 등으로 조합원이 회수하는 금액의 현재가치와 동일하게 되는 할인율.

관리보수Management fee : 투자조합 등을 운영함에 있어 조합의 업무집행조합원(GP)이 벤처기업을 발굴하고 심사하는 등의 일상적인 노동력에 대한 보수로서 조합결성금액 또는 투자잔액의 일정비율로 업무집행조합원에 지급.

성과보수Carried interest : 조합운영 결과에 따라 지급되는 성과에 대한 부분으로 조합설립 시 관련 규약에 의거 관리보수와는 별도로 지급되며, 일반적으로 조합의 내부수익률(IRR) 기준을 충족 시 초과하는 부분에 대해 지급됨.

모태펀드 : 기업에 직접 투자하기보다는 개별펀드(투자조합)에 출자하여 직접적인 투자위

험을 감소시키면서 수익을 목적으로 운영하는 펀드. 국내에서는 일반적으로 한국벤처투자㈜가 관리/운영 중인 핀드를 의미하기도 함.

벤처기업 : 개인 또는 소수의 창업인이 위험성은 크지만 성공할 경우 높은 기대수익이 예상되는 신기술과 아이디어를 독자적인 기반 위에서 사업화하려는 신생중소기업을 말함. 법적으로는 벤처기업육성에관한특별조치법 제2조의2 규정에 의한 요건에 해당하는 기업을 벤처기업으로 확인함.

스타트업Start-up : 설립한지 오래되지 않은 신생 벤처기업을 의미. 미국 실리콘밸리에서 생겨난 용어로, 혁신적 기술과 아이디어를 보유한 설립된 지 얼마 되지 않은 창업기업.

세컨더리 마켓 Secondary Market : 일반적으로 유통시장 즉, 증권거래소를 의미하기도 하나 넓은 의미로 주식 등의 지분증권이 거래되는 시장을 지칭하기도 함.

기업공개 : IPO(Initial Public Offering). 법률적인 의미로 상장을 목적으로 50인 이상의 여러 사람들을 대상으로 주식을 파는 행위를 말하나, 일반적으로 거래소 등에 주식을 상장하는 것을 의미함.

인수합병 : M&A(Merger and Acquisitions). 다른 기업의 주식이나 자산을 취득하면서 경영권을 획득하거나, 두개 이상의 기업들이 법률적으로나 사실적으로 하나의 기업으로 합쳐지는 것을 의미함.

집합투자기구 : 2인 이상에게 투자 권유를 하여 모은 금전 등을 투자자로부터 일상적인 운용지시를 받지 아니하면서 재산적 가치가 있는 투자대상자산을 취득·처분 등의 방법으로 운용하고 그 결과를 투자자에게 배분하여 귀속시키는 것을 의미함. 집합투자를 위한 재산의 집합체인 집합투자기구는 통상 '펀드'라 지칭되며, 동일한 펀드에 투자한 투자자간에 동등한 권리를 갖는다는 수익자 평등의 원리와 운용결과를 그대로 분배하는 실적배당원칙이 기본 원리임.

사모펀드PEF : 불특정 다수를 상대로 자금을 공개적으로 모집하는 공모펀드와 달리 소수의 투자자들로부터 자금을 모집하는 펀드. 경영참여형 사모집합투자기구와 전문투자형 사모집합투자기구로 나누어 볼 수 있음.

경영참여형 사모집합투자기구 : 투자대상 기업에 대한 경영참여 및 구조조정 등으로 기업의 가치 제고를 통한 이익 추구를 바탕으로 수익을 추구하는 펀드.

전문투자형 사모집합투자기구 : 일종의 헤지펀드(Hedge Fund)로서 주로 상장주식 및 채권 등에 차익거래, 지분투자 등 빠른 시일 내에 현금화가 가능한 유동자산에 투자하여 단기간 내에 차익을 통해 수익을 추구하는 펀드.

펀드오브펀드Fund of funds : 펀드에 투자하는 펀드로 법률상으로는 '재간접투자기구'라고 하며 많은 다른 펀드들을 그 투자대상으로 함.

(자료 : 금융감독원 전자공시 시스템, 미래에셋벤처투자)

● 함께 읽으면 좋은 부크온의 책들 ●

책 제목	지은이
현명한 투자자의 재무제표 읽는 법	벤저민 그레이엄, 스펜서 메레디스
워렌 버핏의 스노우볼 버크셔 해서웨이	로버트 마일즈
워렌 버핏의 재무제표 활용법	메리 버핏, 데이비스 클라크
앞으로 10년을 지배할 주식투자 트렌드	스콧 필립스
주식투자자를 위한 IFRS 핵심 포인트	한국투자교육연구소
투자공식 끝장내기	정호성, 임동민
고객의 요트는 어디에 있는가	프레드 쉐드
워렌 버핏처럼 열정에 투자하라	제프 베네딕트
주식 가치평가를 위한 작은 책	애스워드 다모다란
안전마진	크리스토퍼 리소길
워렌 버핏처럼 사업보고서 읽는 법	김현준
붐버스톨로지	비크람 만샤라마니
박 회계사의 재무제표 분석법	박동흠
어닝스, 최고의 주식투자 아이디어	김현준, 정호성
바이오 대박넝쿨	허원
경제적 해자 실전 주식 투자법	헤더 브릴리언트 외
줄루 주식투자법	짐 슬레이터
NEW 워런 버핏처럼 적정주가 구하는 법	이은원
이웃집 워런 버핏, 숙향의 투자 일기	숙향
박 회계사의 사업보고서 분석법	박동흠
IPO 주식투자 고수익 내는 법	오승택, 전지민, 이준성
워런 버핏만 알고 있는 주식투자의 비밀	메리 버핏, 데이비드 클라크
현명한 투자자의 인문학	로버트 해그스트롬
돈이 불어나는 성장주식 투자법	짐 슬레이터
주식 PER 종목 선정 활용법	키스 앤더슨
워런 버핏의 ROE 활용법	조지프 벨몬트
주식투자자를 위한 재무제표 해결사 V차트	정연빈
투자의 전설 앤서니 볼턴	앤서니 볼턴
적극적 가치투자	비탈리 카스넬슨
워런 버핏의 주식투자 콘서트	워런 버핏
투자의 가치	이건규
워런 버핏처럼 가치평가 시작하는 법	존 프라이스
투자 대가들의 가치평가 활용법	존 프라이스
현명한 투자자의 지표 분석법	고재홍
금융시장으로 간 진화론	앤드류 로